□この本の特長□

高校受験では、中学二年までの学習内容が、どれだけ確実に理解できているかどうかが合格の大きなカギになることは言うまでもありません。

本書は、近畿の各高校で近年に実施された入学試験・学力検査の問題から、**中学一年・二年で学習する内容で解答できる問題**を抽出し、分野別・単元別に分類して収録しました。

受験勉強の基礎固めとして適切な良問を選択していますので、正解できなかった問題は、別冊「解答・解説」を参考に、じゅうぶんに理解できるまで復習してください。

この一冊をていねいに学習することで、中学二年までの内容を効果的に復習することができます。それにより、中学三年の内容についても理解がいっそう深まることでしょう。

本書が、高校受験を目指す皆さんの基礎力強化に役立つことを願っています。

JN041440

もくじ

一　国語の知識

中1・2の復習

(1) 漢字の知識

1 次の①～⑤の文中の――のカタカナを漢字に直しなさい。（比叡山高）

① この説は、アメリカの研究者によりテイショウされた。（　　）
② 外来生物を敵としてコバむこともある。（　　）
③ 「人生の大半をメディアとともに生きている」といってもカゴンではない。（　　）
④ 彼の家は、海にノゾんだ場所に建っている。（　　）
⑤ 壁のタペストリーや天井のコウシ模様を見てみよう。（　　）

2 次の①～⑤の傍線部のカタカナを漢字にしなさい。（光泉カトリック高）

① 社会にコウケンする。（　　）
② 旗をカカげる。（　　げる）
③ 歌をヒロウする。（　　）
④ モッパら料理の話をした。（　　ら）
⑤ メンミツな計画を立てる。（　　な）

3 次の傍線部のカタカナを漢字に改めなさい。（楷書《かいしょ》で書くこと。）（関大第一高）

1 植物はヨクアツされた環境に適応した。（　　）
2 黙々《もくもく》と取り組むサイゲツを重ねた。（　　）
3 学習のトウタツ度に違いが出た。（　　）
4 葬儀《そうぎ》の後にモフクの手入れをする。（　　）
5 ザセツをバネに大きく成長した。（　　）
6 インキョした祖父から教えられた。（　　）
7 悪友の誘《さそ》いをきっぱりキョゼツした。（　　）
8 病院へのソウゲイは毎日続いた。（　　）
9 このイマシめは、すべてのことにあてはまるはずだ。（　　め）
10 毎朝アイサツを欠かさない。（　　）

4 次の①から⑤までの文中の――線部の漢字の正しい読みをひらがなで書きなさい。（滋賀県）

① 光沢のある素材を選ぶ。（　　）
② 教室の床を拭く。（　　く）
③ ボールが弾む。（　　む）
④ お客様のご意見を承る。（　　る）
⑤ 応援歌で選手を鼓舞する。（　　）

5 次の各語の読みを（　）内にひらがなで書きなさい。（追手門学院高）

排出（　　）　疾走（　　）　変遷（　　）
勧誘（　　）　廊下（　　）　牧畜（　　）
承諾（　　）　控える（　　える）　赴く（　　く）
慰め（　　め）

6 次の①〜⑤の傍線部の漢字の読みをひらがなで答えなさい。　（光泉カトリック高）

① 煩雑な問題だった。（　　な）
② 地価が高騰する。（　　）
③ 装丁が美しい本。（　　）
④ 新刊を著した。（　　し）
⑤ 部下に指図した。（　　）

7 次の①〜⑧の文の――を付した、カタカナは漢字に直して書き、漢字は読みがなをひらがなで書きなさい。　（和歌山県）

① 記録をヤブる。（　　る）
② 顔がニている。（　　て）
③ 外国とのボウエキが盛んだ。（　　）
④ セキニンのある仕事。（　　）
⑤ 腕前を競う。（　　う）
⑥ 潤いのある生活。（　　い）
⑦ 犠牲者を追悼する。（　　）
⑧ 柔和な人柄。（　　）

8 次の(1)〜(4)の文中の傍線を付けた漢字の読み方を書きなさい。また、(5)〜(8)の文中の傍線を付けたカタカナを漢字になおし、解答欄の枠内に書きなさい。ただし、漢字は**楷書**《かいしょ》で、**大きくていねい**に書くこと。　（大阪府）

(1) 先人の軌跡をたどる。（　　）
(2) 作文を添削する。（　　）
(3) 釣り糸を垂らす。（　　らす）
(4) 話し合いの司会を務める。（　　める）
(5) アツみがある板を切る。□み
(6) ボールを遠くにナげる。□げる
(7) ヘイソの努力が実を結ぶ。□□
(8) ケンコウ診断を受ける。□□

9 次の――線部の漢字の部分はひらがなに、カタカナの部分は漢字に直して書きなさい。　（滋賀短期大学附高）

① 母の田舎に帰省する。（　　）
② けんかを裁く。（　　く）
③ 水面に波紋が広がる。（　　）
④ 寸暇を惜しんで勉強する。（　　）
⑤ EUへの加盟が決定した。（　　）
⑥ 能力にカクダンの相違がある。（　　）
⑦ 両親のカイゴをする。（　　）
⑧ モウジュウの檻《おり》には手を触れないように。（　　）
⑨ シボウ分の取りすぎに注意する。（　　）
⑩ アワい期待を抱く。（　　い）

10 次の(1)から(6)までの傍線《ぼうせん》部の漢字表記として適当なものを、それぞれアからエまでの中から一つずつ選べ。　（国立高専）

(1) 博物館でドウ像を鑑賞する。（　　）
ア 胴　イ 銅　ウ 同　エ 導
(2) 学問をオサめる。（　　）

ア 収　イ 納　ウ 治　エ 修

(3) 城の天守カクからのながめ。（　）

ア 角　イ 閣　ウ 格　エ 革

(4) まるまるとコえた馬。（　）

ア 肥　イ 請　ウ 太　エ 越

(5) 円滑に議事をススめる。（　）

ア 促　イ 勧　ウ 薦　エ 進

(6) フルって応募《おうぼ》する。（　）

ア 震　イ 振　ウ 奮　エ 降

11 次の傍線部と同じ漢字が用いられている熟語を、後の選択肢から一つ選んで記号で答えなさい。（神戸第一高）

① 神戸市イガイには雨が降らなかった。（　）

A 以上　B 意外　C 偉人　D 移植　E 異色

② 賛成のイシを表明した。（　）

A 市街　B 思想　C 視線　D 医師　E 偉人

③ この窓はカイホウしてはいけない。（　）

A 同転　B 解散　C 懐石　D 会食　E 開閉

④ 私の趣味は映画カンショウです。（　）

A 賞賛　B 干渉　C 感傷　D 表彰　E 省略

⑤ 妹にキセイ服を買ってあげた。（　）

A 規制　B 既読　C 帰省　D 期間　E 機関

⑥ 議題をよくケントウした。（　）

A 賢者　B 健闘　C 見当　D 拳闘　E 検査

12 次の傍線部には漢字の誤りがあります。正しい漢字に直しなさい。（傍線部分をすべて書くこと。）（大阪産業大附高）

1 道路が困雑している。（　）

2 慕集定員に達した。（　）

3 彼は、非常に権約家だ。（　）

4 副社制度が充実している。（　）

13 次の□内の文は行書で書かれている。楷書で書くときと筆順が異なる漢字はどれか。当てはまるものを、後のア～オからすべて選び、その記号を書け。（　）（奈良県）

山の緑に花の色が映える。

ア 山　イ 緑　ウ 花　エ 色　オ 映

14 次の漢字の画数を、漢数字で答えなさい。（金光藤蔭高）

① 糸（　）　② 卵（　）　③ 飛（　）

④ 旅（　）　⑤ 導（　）

15 次の①～⑤が対義語になるように、□の中にあてはまる漢字一字をそれぞれ答えなさい。（京都精華学園高）

① 赤字↔□字　② 順境↔□境　③ 偶然↔□然

④ 就任↔□任　⑤ 可決↔□決

16 次の①～⑤の熟語の類義語になるよう、（　）に当てはまる漢字を

語群から選び、解答欄にそのまま記入しなさい。（興國高）

① 運搬＝（　）送　② 興奮＝熱（　）

③ 基盤＝根（　）　④ 制裁＝処（　）

⑤ 努力＝（　）勉

由・輸・恐・狂・底・低・筋・勤・分・聞

17 次の①～⑤の二字熟語の構成の説明として最も適当なものをあとのア～オから選び、符号で答えなさい。（彩星工科高）

① 未熟（　）　② 遅刻（　）　③ 依頼（　）

④ 夫婦（　）　⑤ 握力（　）

ア　同じような意味の字を重ねたもの

イ　反対または対応の意味を表す字を重ねたもの

ウ　上の字が下の字を修飾しているもの

エ　下の字が上の字の目的語・補語になっているもの

オ　上の字が下の字の意味を打ち消しているもの

18 次の①～⑤の二字熟語の成り立ちとして当てはまるものを、あとから選び記号で答えなさい。（同じ記号は二度使わないこと。）（興國高）

① 離合（　）　② 筆跡（　）　③ 不滅（　）

④ 洗顔（　）　⑤ 創造（　）

ア・同じような意味を持つ漢字を重ねた熟語　【例・増加】

イ・反対の意味を持つ漢字を重ねた熟語　【例・高低】

ウ・上の漢字が下の漢字の意味を打ち消している熟語　【例・未完】

エ・動詞の後に目的語が置かれている熟語　【例・着席】

オ・上の漢字が下の漢字を修飾している熟語　【例・親友】

19 次の①～⑤のそれぞれ三つの空欄に共通する漢字を書きなさい。（近畿大泉州高）

①（　）　②（　）　③（　）　④（　）

⑤（　）

① 我田□水・強□・□率　② 危機一□・断□・白□

③ □刀直入・□調・簡□　④ □我夢中・皆□・□名

⑤ □果応報・原□・□縁

20 次の①から⑤の熟語の読みの組み合わせをあとより選び、記号で答えなさい。（綾羽高）

① 読書（　）　② 湯気（　）　③ 青空（　）

④ 学校（　）　⑤ 素顔（　）

ア、音読みと音読み　イ、訓読みと訓読み

ウ、音読みと訓読み　エ、訓読みと音読み

(2) ことばの知識

1 次の①～④の四字熟語が完成するように□にあてはまる言葉を後の語群から選び、漢字に直して答えなさい。（開智高）

① 栄枯□　② □同音

③ 五里□　④ □即妙

【語群】　・イク　・ムチュウ　・シンショウ

・トウイ　・セイスイ

2 次の四字熟語の空欄に適する語をそれぞれ漢字一字で答えなさい。（橿原学院高）

1 快□乱麻　2 □善懲悪　3 起承□結

4 □想天外　5 徹頭徹□

3 次の①から⑤の【　】にあてはまる四字熟語をあとより選び、漢字に改めて書きなさい。（綾羽高）

①（　）②（　）③（　）④（　）⑤（　）

① 今朝、決定したことが、もう変更された。まさに【　】だ。

② 高校生活は、何もかもが新しく【　】の生活だった。

③ 時間が無いので【　】に本題に入らせていただきます。

④ 彼は、誰に対しても親切なので、助けてくれる人も多い。それも【　】かもしれない。

⑤ 【　】の精神で、歴史上の人物から学ぶことは大切だ。

たんとうちょくにゅう　おんこちしん　いんがおうほう

ちょうれいぼかい　ごりむちゅう

4 次の①～⑤の空欄部□に入る適切な漢字一字を後の語群からそれぞれ選び、ことわざを完成させなさい。（明浄学院高）

① 知らぬが□　② 寝耳に□

③ 光陰□の如し　④ 弘法にも□の誤り

⑤ 枯れ木も□のにぎわい

矢　山　海　水　神　仏　筆

5 次の□に入るいきものをそれぞれひらがなで答え、ことわざを完成させなさい。（香ヶ丘リベルテ高）

(1) □の一声（権力者の一言ですぐに決まること）

(2) □につままれる（わけがわからなくなること）

(3) 蛙《かえる》の子は□（何事も子は親に似るものだ）

(4) 虻《あぶ》□取らず（欲深くして失敗すること）

(5) □が豆鉄砲を食ったよう（突然のことにびっくりした様子）

6 次の①～⑤の文と最も関係が深いことわざをそれぞれ後から選び、記号で答えなさい。（太成学院大高）

① 失敗しないように前もって注意を払うこと。（　）

② 立ち去る者は後始末をきちんとするべきである。（　）

③ 不幸や不運が重なること。（　）

④ 自分のしたことが原因となって自分が苦しむ。（　）

⑤ ためになる忠告はありがたいが、聞くのがつらい。（　）

ア 情けは人のためならず　イ 立つ鳥後を濁さず

ウ 旅の恥はかき捨て　エ えびで鯛を釣る

オ 棚からぼたもち　カ 身から出たさび

キ 良薬は口に苦し　ク 木に竹をつぐ

ケ 転ばぬ先の杖　コ 泣き面に蜂

7 次の①～④の□に入る語を、意味を参考にしてそれぞれ漢字一字で書きなさい。（奈良文化高）

① □が置けない（遠慮しなくていい）

② 飛ぶ□を落とす勢い（非常に勢いがあること）

③ □を上げる（よわねをはくこと）

④ 捕らぬたぬきの□算用（不確実なことをあてにする）

8 次の慣用句について、空欄に入る漢字一字を、〔　〕の意味を参考にして、それぞれ答えなさい。（近江兄弟社高）

(1)（　）の荷が下りる〔責任を果たして気が楽になる〕
(2)（　）を切る〔最初に発言する〕
(3)（　）を打ったよう〔いっせいに静まりかえるさま〕
(4) 青菜に（　）〔元気をなくしてしょげることのたとえ〕
(5)（　）を伸ばす〔解放されて、のびのびとふるまう〕

9 次の①～⑤の慣用句の意味を後のア～オから一つずつ選び、記号で答えなさい（同じ記号は二度使用できないこととします）。（報徳学園高）

① あごを出す（　）　② 小耳にはさむ（　）
③ さじを投げる（　）　④ 尻馬に乗る（　）
⑤ 一線を画す（　）

ア 見込みがないとあきらめる　イ 無批判に他人の言動に従う
ウ ちらりと聞く　エ ひどく疲れる
オ はっきり区切りをつける

10 次の①～④の空欄に適切な漢字一字を入れ、故事成語を完成させなさい。（彩星工科高）

① 五十歩（　）歩……わずかな違いはあっても、本質的には同じであること。
② 四（　）楚歌……敵に囲まれて、助けがなく孤立すること。
③ 蛇（　）……よけいなもの。なくてもよいもの。
④（　）盾……つじつまが合わないこと。

11 次の外来語を日本語に訳した時、最も適当なものを後から選び記号で答えなさい。（アナン学園高）

① ドナー（　）　② アクセス（　）
③ ログイン（　）　④ アミューズメント（　）
⑤ サプリメント（　）　⑥ サクラメント（　）

ア 娯楽　イ 接続　ウ 接続開始
エ 栄養補助食品　オ 臓器《ぞうき》提供者　カ 秘跡

12 次の表は、本来の意味とは違った意味で用いられることが多い言葉をまとめたものです。①～⑤にあてはまる言葉を後のア～コの中から一つずつ選んで、記号で答えなさい。（光泉カトリック高）

①（　）②（　）③（　）④（　）⑤（　）

言葉	本来の意味	本来の意味とは違った意味
①	前人のなしえなかったことを初めてすること。	豪快で大胆なようす。
②	惜しいと思うものを手放すこと。	不必要なものを切り捨てること。
③	男性が弱々しい態度をとること。	薄笑いを浮かべること。
④	思わず笑い出してしまうこと。	笑いも出ないほどあきれること。
⑤	その場しのぎであること。	ひきょうなこと。

ア 割愛する　イ にやける　ウ かいつまむ
エ だまし討ち　オ 姑息《こそく》　カ 破天荒
キ 失笑　ク 型破り　ケ 繕《つくろ》う
コ 苦笑

(3) 文学史

1 次の人物が書いた作品を後から選び、それぞれ記号で答えなさい。

（アナン学園高）

① 清少納言…平安時代、宮中での出来事や作者が目にするさまざまな事物に関する感想を書き記した随筆。（　）

② 松尾芭蕉…江戸時代、東北地方を旅したときの模様を多くの俳句とともに書き記した紀行文。（　）

③ 紫式部…平安時代、天皇の子として生まれながらも臣下となった男の栄華と苦悩を描いた物語。（　）

④ 紀貫之…平安時代、任地から京の都へと帰る際の出来事をかな文字で書いた日記。（　）

⑤ 兼好法師…鎌倉時代、人生論や日常に起きたさまざまなことに関する感想を書いた随筆。（　）

ア 更級日記　イ おくの細道　ウ 方丈記
エ 土佐日記　オ 徒然草　カ 平家物語
キ 源氏物語　ク 冥途の飛脚　ケ 枕草子
コ 浮世草子

2 次の①～⑤の作家の作品を、それぞれ後の語群から一つずつ選び、ア～エの記号で答えよ。

（宣真高）

① 森鷗外（　）
ア こころ　イ 伊豆の踊子　ウ 高瀬舟　エ 羅生門

② 石川啄木（　）
ア 赤光　イ 一握の砂　ウ みだれ髪　エ サラダ記念日

③ 高村光太郎（　）
ア 若菜集　イ 邪宗門　ウ 春と修羅　エ 道程

④ 東野圭吾（　）
ア 舟を編む　イ 永遠の0
ウ 下町ロケット　エ 容疑者Xの献身

⑤ 恩田陸（　）
ア 蜜蜂と遠雷　イ 雪国　ウ 火花　エ 何者

3 次の①～⑤の作品の作者をそれぞれ後から選び、記号で答えなさい。

（太成学院大高）

① 破戒（　）　② 学問のすすめ（　）
③ 城の崎にて（　）　④ 雪国（　）
⑤ 鼻（　）

ア 芥川龍之介　イ 谷崎潤一郎　ウ 有島武郎
エ 川端康成　オ 志賀直哉　カ 島崎藤村
キ 田山花袋　ク 永井荷風　ケ 中江兆民
コ 福沢諭吉

4 次の①～⑤の作品について、作者名を後のア～コからそれぞれ選び、記号で答えなさい。

（大阪緑涼高）

① 『枕草子』（　）　② 『奥の細道』（　）
③ 『みだれ髪』（　）　④ 『南総里見八犬伝』（　）
⑤ 『銀河鉄道の夜』（　）

ア 紫式部　イ 与謝野晶子　ウ 兼好法師
エ 松尾芭蕉　オ 滝沢馬琴　カ 樋口一葉

キ 十返舎一九　ク 清少納言　ケ 梶井基次郎
コ 宮沢賢治

5 次のA・Bはある文学作品の冒頭文です。これについて以下の(1)～(4)について答えなさい。（近江兄弟社高）

A つれづれなるままに、日暮らし、硯《すずり》に①むかひて、心に移りゆくよしなしごとを、そこはかとなく書きつくれば、あやしうこそものぐるほしけれ。

B 今は昔、竹取の翁《おきな》といふものありけり。野山にまじりて竹を取りつつ、よろづのことに使ひけり。名をば、さぬきの造となむいひける。その竹の中に、もと光る竹②なむ一筋ありける。

(1) ——線部①「むかひて」、②「なむ」を、現代かな遣いに改めてすべてひらがなで答えなさい。①（　）②（　）

(2) A、Bの作品名を漢字で答えなさい。A（　）B（　）

(3) Aの作者として最も適当なものをあとのア～オの中から選び、記号で答えなさい。（　）

ア 清少納言　イ 紫式部　ウ 兼好法師
エ 鴨長明　オ 柿本人麻呂

(4) Aと同じ随筆作品で、日本三大随筆の一つに数えられる、平安時代に成立した作品を、あとのア～オの中から一つ選び、記号で答えなさい。（　）

ア 土佐日記　イ 枕草子　ウ 万葉集
エ 大鏡　オ 古事記

6 次のA～Eの文章は有名な文学作品の冒頭部分です。各文章の作品名を次の中から一つずつ選び、記号で答えなさい。（市川高）

A（　）B（　）C（　）D（　）E（　）

A 春はあけぼの。やうやう白くなりゆく山ぎは少しあかりて、紫だちたる雲の細くたなびきたる。

B ゆく河の流れは絶えずして、しかも、もとの水にあらず。

C 月日は百代の過客にして、行きかふ年もまた旅人なり。

D 祇園精舎の鐘の声、諸行無常の響きあり。沙羅双樹の花の色、盛者必衰の理をあらはす。

E 男もすなる日記といふものを女もしてみむとてするなり。

ア 伊勢物語　イ 大和物語　ウ 方丈記　エ 更級日記
オ 土佐日記　カ 源氏物語　キ 枕草子　ク 平家物語
ケ 奥の細道　コ 徒然草

二 文法・敬語

(1) 文法

1 言葉の単位として、大きなものから順に正しく並んでいるものを次の中から選び、記号で答えなさい。（　　）（大阪電気通信大高）

ア 段落→文章→文→文節→単語
イ 段落→文章→文節→文→単語
ウ 段落→文→文章→単語→文節
エ 文章→文→段落→文節→単語
オ 文章→段落→文→文節→単語
カ 文章→段落→文→単語→文節

2 「夢を見ることができるのなら、あなたはそれを叶《かな》えられる。」を文節に分けるといくつですか。次から一つ選び、記号で答えなさい。（　　）（東大阪大柏原高）

ア、6　イ、7　ウ、8　エ、9

3 次の①～③の主語と述語をそれぞれ抜き出しなさい。ただし、省略されているときは「なし」と答えなさい。（大阪高）

①主語（　　）述語（　　）
②主語（　　）述語（　　）
③主語（　　）述語（　　）

（例）犬が　猫に　むかって　ほえる。→主語 犬が　述語 ほえる

① 寒いですね、この　広すぎる　部屋は。
② 兄と　いっしょに　ぼくも　行く。
③ 今年こそ　一生懸命に　勉強を　する。

4 次の(1)～(5)の文から、後の【　】内で指示されている文節をそれぞれ答えなさい。（芦屋学園高）

(1)（　　）(2)（　　）(3)（　　）(4)（　　）(5)（　　）

(1) 今学期は私も、親友がやったように学級委員に立候補した。
【「立候補した」の主語】
(2) 講演の日程を彼女が問い合わせたが、結局不明だった。
【「彼女が」の述語】
(3) あなたが探している彼は、さっきまで図書館にいた。
【「さっきまで」の被修飾語】
(4) 冷たい風が大通りを吹き抜けた。
【「吹き抜けた」の修飾語】
(5) 手と足先は特に冷えやすくなっているので注意しましょう。
【「手と」と並立の関係】

5 次の傍線部の文節相互の関係として正しいものを後のア～エから選び、それぞれ記号で答えなさい。（大阪高）

①（　　）②（　　）③（　　）

① 机の　上に　置いて　ある　本を　取ってください。
② 彼は、優しくて　明るい　性格なので、人望が　ある。
③ 今年の　夏は　暑い　日が　続いたので、大変だった。

ア 主語・述語の関係　イ 補助の関係
ウ 並立（並列）の関係　エ 修飾・被修飾の関係

6 次の①～④の傍線部の品詞を、後からそれぞれ一つずつ選び、その記号を書きなさい。（奈良文化高）

① その医師のおかげで村人たちは豊かな水を得た。（　）
② 今回ばかりはいかなる失敗も許されない。（　）
③ カフェにケーキでも食べに行きませんか。（　）
④ お探しのバッグはあちらにございます。（　）

ア 名詞　イ 動詞　ウ 形容詞　エ 形容動詞
オ 副詞　カ 連体詞　キ 接続詞　ク 感動詞
ケ 助詞　コ 助動詞

7 次の文の傍線部の品詞と同じものを後から選び、記号で答えなさい。また、その品詞名を漢字で答えなさい。（大阪産業大附高）

どの方が、あなたのご友人ですか。
記号（　）　品詞名（　詞）

ア 彼の意見をどう思いますか。
イ これから図書館に行きます。
ウ 冬休みのある日の出来事を話す。
エ そんな無理なことを言わないでください。

8 次の文章の傍線部1～7の品詞名を、後の語群から一つずつ選び、記号で答えなさい。（大商学園高）

1（　）2（　）3（　）4（　）5（　）6（　）7（　）

1賢明な老博士が賢明な沈黙を守っているのを見て、若い歴史家は、次のような形に問を変えた。歴史とは、昔、あった事柄をいうのであろう2か？ 3それとも、粘土板の文字をいうのであろうか？
獅子狩と、獅子狩の浮彫とを混同している4ような所がこの問の中にある。博士は5それを感じたが、6はっきり口で言えないので、次のように答えた。歴史とは、昔あった事柄で、かつ粘土板に誌されたものである。7この二つは同じことではないか。

（中島　敦「文字禍」より。問題作成のため一部改変した）

語群
ア 名詞　イ 代名詞　ウ 動詞　エ 形容詞
オ 形容動詞　カ 連体詞　キ 副詞　ク 接続詞
ケ 感動詞　コ 助動詞　サ 助詞

9 次の(1)～(5)の動詞の活用の種類をそれぞれ後から選び、記号で答えなさい。（芦屋学園高）

(1) 起きる（　）　(2) 来る（　）　(3) 書く（　）
(4) 食べる（　）　(5) 運動する（　）

ア 五段活用　イ 上一段活用　ウ 下一段活用
エ カ行変格活用　オ サ行変格活用

10 次の動詞の活用表を完成させなさい。（綾羽高）

①（　）②（　）③（　）④（　）⑤（　）
⑥（　）⑦（　）

語	語幹	未然形	連用形	終止形	連体形	仮定形	命令形	活用の種類
書く	書	か こ	き	く	け	け	け	五段活用
信じる	信	じ	①	じる	じる	じれ	じろ ぜよ	⑤活用
固める	固	②	め	める	める	めれ	めろ めよ	⑥活用
くる	―	こ	③	くる	くる	くれ	こい	⑦活用
する	―	④	し	する	する	すれ	しろ せよ	サ行変格活用

11 次の文章を読んで後の問いに答えなさい（同じ記号を複数回使用してもよいこととする）。　（履正社高）

そこへお母あ様が這入って①きた。「今日は日曜だから、お父う様は少しゆっくりしていらっしゃるのだが、わたしはもうご飯を戴くから、お前もおいででないか。」こう云って、息子の顔を横から覗くように見て、詞を続けた。「夕べも大層遅くまで起きていましたね。いつも同じことを言うようですが、西洋から帰っておいでの時は、あんなに体がよかったのに、あまり勉強ばかりして、Ⓐだんだん顔色を悪くしておしまいなのね。」「なに。体はどうもありません。外へ出ないでいるから、日に焼けないのでしょう。」笑いながら云って、一緒に洋室を出た。Ⓑしかし奥さんにはその笑い声が胸を刺すように感ぜられた。秀麿が心からでⒸなく、人に目潰しに何か②投げつけるように笑い声を浴びせかける習癖を、自分も③意識せずに、いつのまにか養成しているのを、奥さんは本能的に知っているのである。

食事をしまって帰ったときは、明け方に薄曇りのしていた空がすっかり晴れて、日光がⒹいろいろに邪魔をする物のある秀麿の室を、物見高い心から、依怙地に④覗こうとするように、窓帷のへりや書棚のふちを彩って、卓の上に幅の広い、明るい帯をなして、インク壺を光らせたり、床に敷いてある絨緞の空想的な花模様に、刹那の性命を与えたりしている。そんなふうに、日光の差し込んでいるところの空気は、黄色に染まりかかった青葉のような色をして、Ⓔそのなかには細かい塵が躍って⑤いる。室内の温度のあまり高いのを喜ばない秀麿は、暖炉のコックを三分の一ほど閉じて、葉巻をくわえて、運動椅子に身を投げかけた。

（森　鷗外「かのように」より）

問一、══線部Ⓐ～Ⓔについて、その単語の品詞名を次のア～コより選び、それぞれ記号で答えなさい。

Ⓐ（　　）Ⓑ（　　）Ⓒ（　　）Ⓓ（　　）Ⓔ（　　）

ア、名詞　　イ、動詞　　ウ、形容詞　　エ、形容動詞
オ、副詞　　カ、連体詞　　キ、接続詞　　ク、感動詞
ケ、助動詞　　コ、助詞

問二、──線部①～⑤の動詞の活用の種類を次のア～オより選び、それぞれ記号で答えなさい。また、その活用形もそれぞれ正しい漢字で答えなさい。

①（　　）（　　）②（　　）（　　）③（　　）（　　）
④（　　）（　　）⑤（　　）（　　）

ア、五段活用　　イ、上一段活用　　ウ、下一段活用
エ、カ行変格活用　　オ、サ行変格活用

12 次の□に入る最も適当な語を後のア～オからそれぞれ一つ選

び、記号で答えなさい。それぞれの記号は、一度ずつしか使えません。（清明学院高）

① 雨が降っているのに［　］行くのですか。
② 彼は［　］来てくれるでしょう。
③ 昨夜は［　］眠れなかった。
④ ［　］鬼が暴れたかのようだ。
⑤ ［　］気をつけてください。

ア、くれぐれも　イ、まるで　ウ、ぜんぜん
エ、きっと　オ、どうして

13 次の①～⑩の傍線部の助動詞の意味として最も適切なものを次から選び、それぞれ記号で答えよ。（常翔啓光学園高）

① これはクワガタムシの幼虫だ。（　）
② 明日こそ勉強しよう。（　）
③ 明日晴れたらピクニックに行きたい。（　）
④ 誕生日プレゼントで友達を驚かせた。（　）
⑤ 昨日友達と公園で遊んだ。（　）
⑥ 宝石のように綺麗な石を拾った。（　）
⑦ 歯に衣着せぬ物言いをする。（　）
⑧ 子どもの頃が思い出される。（　）
⑨ 美しい桜の花が見られる。（　）
⑩ 昨日のことは誰も知るまい。（　）

ア　比況　イ　可能　ウ　自発　エ　過去　オ　打消推量
カ　意志　キ　希望　ク　断定　ケ　打消　コ　使役

14 次のア～エの――線部の「ない」のうち、用法の違うものを一つ選び、記号で答えなさい。（　）（京都廣学館高）

ア　もう一歩も歩けない。
イ　今日の校外学習は雨のためにない。
ウ　明日まで彼はやって来ない。
エ　今週は雨が降らない予報だ。

15 次の(ア)～(エ)の傍線部の中で、他とは品詞・意味・用法が異なるものを一つ選び、記号で答えなさい。（京都両洋高）

①（　）②（　）③（　）

① (ア) 観光客に道をたずねられる。
(イ) 声が裏返って、友人に笑われる。
(ウ) 先生がこちらに来られる。
(エ) 虫に食べられた葉っぱ。

② (ア) 私の趣味はプールで泳ぐことです。
(イ) 海外の海で釣りを楽しむ。
(ウ) 救急車の音が遠ざかっていく。
(エ) 彼の描いた絵はすばらしい。

③ (ア) 自分が読まない本を友人に貸す。
(イ) 慌てないように準備を行う。
(ウ) まだ美容院には行かない。
(エ) ここの道路はとても危ない。

(2) 敬語

1 次の傍線部の敬語の種類を(ア)～(ウ)よりそれぞれ一つ選び、記号で答えなさい。(同じ記号を何度選んでもよい)　(京都両洋高)

① 先生がお聞きになる。(　　)
② 必要な写真はそちらでございます。(　　)
③ 彼にお礼を申し上げた。(　　)
④ 先輩が状況を説明してくださる。(　　)
⑤ 私の両親がそちらに参ります。(　　)

(ア) 尊敬語　(イ) 謙譲語　(ウ) 丁寧語

2 次の①～⑤の傍線部の敬語の種類として最も適切なものを次から選び、それぞれ記号で答えよ。なお、同じ記号を何度使ってもよい。　(常翔啓光学園高)

① 母がよろしくと申していました。(　　)
② 明日、先生が家にお越しになる。(　　)
③ あの角を曲がると郵便局がございます。(　　)
④ ご遠慮なく召し上がりください。(　　)
⑤ お客様をお迎えする。(　　)

ア 尊敬語　イ 謙譲語　ウ 丁寧語

3 次の①・②の傍線部の「敬語の種類」と「同じ種類の敬語」の組み合わせとして正しいものを、ア～カの中から一つずつ選び、その記号を書きなさい。　(奈良文化高)

① ぜひお目にかかりたいと考えております。(　　)
② こちらの部屋は改装中のため、ご利用になれません。(　　)

ア 尊敬語・参る　イ 謙譲語・申し上げる
ウ 丁寧語・ございます　エ 尊敬語・いらっしゃる
オ 謙譲語・召し上がる　カ 丁寧語・なさる

4 次は、中学生のAさんと先生との会話です。□に入れる敬語表現として適切なものを、あとのア～ウから一つ選び、記号を○で囲みなさい。(ア　イ　ウ)　(大阪府)

先生　あなたが読みたいと言っていた本は図書室にありましたか。
Aさん　はい。先生の□とおり、図書室にありました。

ア 申し上げた　イ お話しした　ウ おっしゃった

5 来客に対する敬語の使い方として適切なものを次から一つ選び、記号で答えなさい。(　　)　(東大阪大柏原高)

ア、受付で聞きなさい。
イ、受付で伺ってください。
ウ、受付でお聞きになってください。
エ、受付でお伺いしてください。

6 (　)に入れるのに最も適当な敬語表現をあとの各群の中から選びなさい。　(大阪夕陽丘学園高)

(1)(　　)　(2)(　　)　(3)(　　)　(4)(　　)　(5)(　　)

(1) 校長先生が(　　)。
1 申された　2 申しました
3 申し上げました　4 おっしゃいました

(2) お宅の社長さんはいつ、ここへ（　）。
1 まいりますか　2 おみえしますか
3 うかがいますか　4 いらっしゃいますか

(3) 先生、ぜひ私の作品を（　）。
1 お見になってください　2 拝見してください
3 御覧ください　4 見申してください

(4) 正しい発音を先生に（　）。
1 お聞きになる　2 お聞き申し上げる
3 うかがう　4 おうかがいさせていただく

(5) 先生はいつも（Ａ）前に必ず薬を（Ｂ）。
1 Ａ 寝る・Ｂ 召し上がります
2 Ａ おやすみになる・Ｂ 召し上がります
3 Ａ 寝られる・Ｂ 飲みます
4 Ａ おやすみになる・Ｂ 飲みます

7 次の会話文は、中学生の和木歩美《やわらぎあゆみ》さんが、探究学習で探している資料のことで、市の図書館に電話をかけたときの内容です。ア～オに入る表現として、最も適切なものを後からそれぞれ選び、番号で答えなさい。（奈良女高）

ア（　）イ（　）ウ（　）エ（　）オ（　）

【和木さん】そちらの図書館では、エチオピア※の資料がたくさんあると伺いました。エチオピアとコーヒーの関係について調べたいと思っているので、来月の第二週に一度 ア と考えています。

【図書館の人】ご希望は分かりました。では、お越しになる日時ですが、十一月十五日の日曜日、午前十時からということでいかがですか。

【和木さん】はい。その日取りと時間でしたら イ 。あと、グループ閲覧《えつらん》室も利用したいのですが空いていますか。

【図書館の人】はい。 ウ 。では、当日お越しになるグループの代表者の方のお名前を教えていただけますか。

【和木さん】はい。代表はわたしで、和木歩美と エ 。わたしを入れて五名で、当日は参ります。

【図書館の人】ほかに何かご希望はございますか。

【和木さん】当日、グループ閲覧室の中のパソコンを オ と考えていますがよろしいでしょうか。

※エチオピア……アフリカ北東部の内陸国。コーヒー・皮革を産出する。

ア 1 行きたい　2 お越しになりたい　3 伺いたい
4 見たい　5 探したい

イ 1 お越しになれます　2 ありがたいです　3 結構です
4 いいです　5 行けます

ウ 1 空いております　2 空いておりません
3 空けときます　4 お使いになられます
5 お使いになります

エ 1 いいます　2 いう名前です　3 申します
4 おっしゃいます　5 呼ばれています

オ 1 貸してほしい　2 使いたい　3 お使いしたい
4 使おう　5 お借りしたい

三　論理的文章

1　次の文章を読んで、あとの問いに答えなさい。答えの字数が指定されている問題は、句読点や「　」などの符号も一字に数えなさい。

（大阪府）

論説文とは、書き手がどう思うのかということを述べる文章です。その意味で主観的な文章と言うことができます。意見ですから自分なりのオリジナリティ（独自性）が大切です。①奇をてらう必要はありませんが、みんなが言っているようなこと、いわば当たり前のことを同じように述べるだけでは論説文としてのおもしろさは十分とは言えません。理想を言えば、読んだ人が「今まで気がつかなかったが、なるほど、そう言われてみるとその通りだ」と思ってくれるようなものでしょう。

論説文にはオリジナリティが大切だということを述べましたが、逆に、オリジナルなだけでは論説文になりません。なぜそう言えるのかに説得力を持たせるようにしなければ独りよがりの意見になってしまうからです。読んだ人が「なるほど」と思ってくれるように少しでも努力をする必要があります。

論説文は話し手の考えを書く文章であるとともに説得力が必要だということを述べました。そのためには、なぜそう言えるのか、そう考えなければならない理由は何なのか、という根拠が重要です。ただし、厳密に言えば、「根拠」だけでは十分ではありません。それはなぜでしょうか。

根拠となるのは、一般的に、客観的な事実です。客観的事実とは、誰もが認定できる情報だと言い換えていいでしょう。その客観的事実を根拠とすれば、そこに立脚した議論をしていく限り、誰もが認定できる議論をしていけます。しかし、その客観的事実が、議論に本当につながっているのかどうかが問題になります。その事実が根拠としてその主張につながるということの保証を論拠と言います。

例えば、②「この薬はいい薬だ」という主張は、ただの意見です。「この薬は、非常にいい、本当にすばらしい薬である」などと、言葉を尽くして「いい」ということを述べても、意見である点に違いはなく、主張に説得力はありません。

いい薬だという主張をするための根拠となるのは、例えば、有効な成分が十分に入っている、とか、しかるべき試験機関がその効果を認定しているなどといったことでしょう。これは客観的な事実です。客観的事実であれば、その情報は基本的にみんなに受け入れられます。

しかし、それだけではなく、その成分があれば本当に効くのか、その量は十分なのか、その成分に問題となる副作用はないのか、その薬の良さを証明する試験機関は信頼できるのか、といったことも明らかにしておく必要があります。さらにその試験機関での認定がどういったもので、本当に信頼できる評価なのか、ということも議論としては問題になることがあるかもしれません。「この薬はいい薬だ」ということを示すには、根拠としての事実と、それが主張につながるという論拠とが必要です。

③、そもそも、「いい」ということをどう考えるのかということもあります。実はある体質の人には副作用がある、といった場合、その観点も含めて「いい」かどうかを考える必要があるでしょう。④、実際にはあまりにも高価でほとんど手に入れにくい、などという場合は、無条件に「いい薬」と言えないかもしれません。

あることを主張する場合、ちょっと自分に対して意地悪な見方をしてみて、本当にそう主張できるのか、ということを点検してみるといいのかもしれません。

（森山卓郎「日本語の〈書き〉方」より）

1　①奇をてらうとあるが、次のうち、このことばの本文中での意味として最も適しているものはどれか。一つ選び、記号を○で囲みなさい。

（ア　イ　ウ　エ）

ア　できあがったものに、余計なものを付け加える
イ　すぐれたものにするために、長い時間をかける
ウ　人の気を引くために、わざと変わったことをする
エ　周囲の共感が得られるように、自分の意見を変える

2　②「この薬はいい薬だ」という主張とあるが、次のうち、この主張の根拠となるものの具体例として本文中で述べられているものはどれか。最も適しているものを一つ選び、記号を○で囲みなさい。

（ア　イ　ウ　エ）

ア　薬に含まれる成分は実際に有効なものであるということや、その成分には問題となる副作用がないということ。
イ　効果を認定する試験機関は信頼できる試験機関であり、その試験機関の評価は信頼できる評価であるということ。
ウ　薬に有効な成分が十分に入っているということや、しかるべき試験機関がその薬の効果を認定しているということ。
エ　「この薬は、非常にいい、本当にすばらしい薬である」などと、言葉を尽くして薬の良さを述べられるということ。

3　次のうち、本文中の ③ 、 ④ に入れることばの組み合わせとして最も適しているものはどれか。一つ選び、記号を○で囲みなさい。

（ア　イ　ウ　エ）

ア　③さらに　④また　　イ　③すなわち　④また
ウ　③さらに　④しかし　　エ　③すなわち　④しかし

4　論説文を書くうえで、書き手が気をつけなければならないことについて、本文中で筆者が述べている内容を次のようにまとめた。 a に入れるのに最も適しているひとつづきのことばを、本文中から**七字**で抜き出しなさい。また、 b に入る内容を、本文中のことばを使って**十字以上、十五字以内**で書きなさい。

a ＿＿＿＿　b ＿＿＿＿

書き手は、 a のある文章を書くだけでなく、根拠と論拠とを述べることで、自分の b ようにし、読んだ人に納得してもらえるようにしなければならない。

2　次の文章を読んで、あとの問いに答えなさい。（日ノ本学園高）

人と人との〈つながり〉の問題を考える最初の出発点として、人は本当に一人では生きられないのか、 A 、まあそれなりに生きていけるのかといった問いを立ててみましょう。

かつての日本には「①ムラ社会」という言葉でよく表現されるような地域共同体が存在していました。「ご近所の人の顔と名前はぜんぶわかる」といったaシュウラクがそれですね。これは、何も地方の農村や漁村だけに限ったことでなく、東京のような都会にだってあったのです。『ALWAYS　三丁目の夕日』――映画ですから描き方にはフィクションの要素も多分に入っているとはいえ――のように、近所に住む住人同士の関係が非常に濃密な「ご町内」が、昭和四〇年くらいまでの日本には確かにありました。

そんな「ムラ社会」がbカッコとして存在した昔であれば、これは明らかに「一人では生きていけない」ということは厳然とした事実でした。

なにより、食料や衣類をはじめ、生活に必要な物資を調達するためにも、仕事にｃツくにしても、いろいろな人たちの手を借りなければいけなかったからです。こうした、物理的に一人では生活できない時代は長く続きました。［B］村の交際から締め出されてしまう「村八分※」というペナルティは、わりと最近まで死活問題だったわけです。

ところが近代社会になってきて、貨幣（＝お金）というものが、より生活を媒介する手段として浸透していくと、極端な話お金さえあれば、生きるために必要なサービスはだいたい享受できるようになりました。

とりわけ、今はコンビニなど二十四時間営業の店も増え、思い立った時にいつでも生活必需品は手に入れられるし、ネットショッピングと宅配を使えば、部屋から一歩も出ずにあらゆるサービスを受けることも可能になっています。働くにしても、仕事の種類によってはメールとファックスで全部済んでしまう場合だってあります。

このように、②一人で生きていても昔のように困ることはありません。生き方としては、「誰とも付き合わず、一人で生きる」ことも選択可能なのです。

ある意味で、「人は一人では生きていけない」というこれまでのｄゼンテイがもはや成立しない状況は現実には生じているといえるのです。

さて、こうした現代的状況を目の前にして私が言いたいのは、「だから、一人でも生きていけるんだよ」ということではありません。みんなバラバラに自分の欲望のおもむくままに勝手に生きていきましょうといったことでもありません。「一人でも生きていくことができてしまう社会だから、人とつながることが昔より複雑で難しい」のは当たり前だし、人とのつながりが本当の意味で大切になってきている」ということが言いたいのです。つながりの問題は、こうした観点から考え直したほうがよさそうです。

でも、普通の人間の直感として「そうは言っても、一人はさびしいな」というｅカンカクがありますね。本当に世捨て人のような生活が理想だという人もいないわけではありませんが、たいてい、仮にどんなに孤独癖の強い人でも、まったくの一人ぼっちではさびしいと感じるものです。

ではなぜ一人ではさびしいのでしょうか。やはり親しい人、心から安心できる人と交流していたい、誰かとつながりを保ちたい。そのことが、人間の幸せのひとつの大きな柱を作っているからです。だからほとんどの人が友だちがほしいし、家庭の幸せを求めているわけです。

あの人と付き合うと便利だとか便利じゃないとか、得だとか損だとかいった、そういった利得の側面で人がつながっている面もたしかにあるけれども、［C］人と人とのつながりはそれだけではないわけです。

だから、「人は一人でも生きていけるか」という問いに対する私の答えは、「現代社会において基本的に人間は経済的条件と身体的条件がそろえば、一人で生きていくことも不可能ではない。しかし、大丈夫、③一人で生きていると思い込んでいても、人はどこかで必ず他の人々とのつながりを求めがちになるだろう」です。　（菅野　仁「友だち幻想」より）

※村八分…仲間外れ

問一　傍線部ａ～ｅのカタカナを漢字に直して書きなさい。

ａ（　　）　ｂ（　　）　ｃ（　　）　ｄ（　　）　ｅ（　　）

問二　［A］～［C］に入る語として最も適切なものを、次のア～エからそれぞれ一つずつ選んで、その符号を書きなさい。

A（　　）　B（　　）　C（　　）

ア　しかし　　イ　それとも　　ウ　だから　　エ　では

問三　傍線部①と同じ内容を表している語を本文中から三字で抜き出して書きなさい。［　　　］

問四　次の文を入れるのに最も適切な個所はどこか。直前の五字を抜き出して書きなさい。（ただし、句読点も一字に数える。）［　　　　　］

今の私たちは、お金さえあれば一人でも生きていける社会に生きています。

問五　傍線部②のように困るのはなぜか。最も適切なものを次のア～エから一つ選んで符号を書きなさい。（　　）

ア　物理的に一人では生活できない時代であったということ。

イ　自分一人で何でもやらなければ生きていけないということ。

ウ　サービスを利用しなければ生きていけないということ。

エ　ペナルティを課さなければ生きていけないということ。

問六　傍線部③の理由が書かれている一文の初めの五字を書きなさい。（句読点は一字に数えない。）［　　　　　］

問七　本文の内容に一致していないものを、次のア～エから一つ選んで、その符号を書きなさい。（　　）

ア　現代社会において基本的に人間は経済的条件と身体的条件がそろえば、一人で生きていくことも不可能ではないということ。

イ　現代社会においてお金があったとしてもサービスを受けることができないため、一人で生きていくことは困難であるということ。

ウ　現代社会において一人でも生きていくことができてしまう社会だから、人とつながることが昔より複雑で難しいということ。

エ　現代社会において孤独癖の強い人でも、一人ではさびしいと感じ、他の人とのつながりを求めがちであること。

3　次の文章を読み、後の問いに答えなさい。（大阪成蹊女高）

あなたは、成長する段階でさまざまな社会や文化の影響を受けつつ、いろいろな人との交流の中ではぐくまれてきました。同時に、あなた自身の経験や考え方、さまざまな要素によって、あなたにしかない感覚・感情をⅰショユウし、その結果として、今、あなたは、世界にたった一人の個人として存在しています。この世に、あなたにかわる存在は、どこにもないということができるでしょう。

［X］、このことによって、①あなたが見る世界は、あなた自身の眼によっているということもできるはずです。つまり、あなたのモノの見方は、すべてあなた自身の個人メガネを通したものでしかありえないということです。

あなたが、何を考えようが、感じようが、すべてが「（１）を通している」わけで、対象をいくら客観的に観察し、事実にⅱソクして述べようとしたところで、実際、それらはすべて自己を通した思考・記述でしかありえないということになります。どんな現象であろうと、「私」の判断というものをまったく消して認識することはありえない、ということになるのです。【1】

［Y］、この自己としての「私」は、そうした、さまざまな認識や判断によって少しずつつくられていく、あるいは少しずつ変わっていくということができます。

これまで出会ったことのない考え方や価値観にⅲフれ、自らの考え方を振り返ったり、更新したりすることを通して、「私」は確実に変容します。【2】

［Z］、はじめから、しっかりとした自分があるわけではないのです。

ここに、いわゆる②「自分探し」の罠《わな》があります。

本当の自分を探してどんなに自己を深く掘っていっても、何も出てきません。【3】

「自分」とは、「私」の中にはじめからⅳ明確に存在するものでなく、すでに述べたように、相手とのやりとり、つまり他者とのインターアクションのプロセスの中で次第に少しずつ姿を現すものです。【4】

このように考えることによって、あなた自身を「自分探し」から解放することができるのです。そして、③本当の自分とは、はじめから「私」の中にはっきりと見えるかたちで存在するものではなく、自分と環境の間にⅴ浮遊するものとしていつのまにか把握されるのです。

では、自分というものが他者との関係の中にあるとすると、そのような「自分」について語るとはどのようなことなのでしょうか。

ところで、この「自分を語る」ということを話題にすると、必ずといっていいほど出てくるのが、

「自分のことを人に語りたくない」
「他人に自分のことを知られたくない」
「自分の話を他人にするのは恥ずかしくて嫌だ」

といった反応です。

それは、あたかも自分の（２）的なプライバシーを他人から無理やり抉《えぐ》り出されるような、不当な感覚を覚えてしまう人が多いということのようです。

では、「自分のことは語りたくない」という反応はどこから生まれてくるのでしょうか。

これは、自己というものが、自分の中にあって、それを見せることは、ふだんは隠れている「本当の自分」を人前に晒《さら》すことだという感覚・感情によるものではないかと考えられます。

（細川英雄「対話をデザインする─伝わるとはどういうことか」より）

問一　二重傍線部ⅰ～ⅴについて、漢字はその読みをひらがなで答え、カタカナは漢字に改めなさい（送りがなは不要）。

ⅰ（　　）ⅱ（　　して）ⅲ（　　れ）ⅳ（　　）
ⅴ（　　）

問二　空欄 X ～ Z に入ることばとして最も適当なものを次の選択肢からそれぞれ一つずつ選び、記号で答えなさい。

X（　）Y（　）Z（　）

ア　しかも　イ　そして　ウ　しかし
エ　すなわち　オ　ですから

問三　空欄（１）、（２）に入ることばとして最も適当なものを本文中からそれぞれ漢字二字で抜き出しなさい。１［　　］　２［　　］

問四　傍線部①「あなたが見る世界」を言い換えた言葉を本文中より十七字で抜き出しなさい。［　　　　　　　　　　　　　　　　　］

問五　傍線部②「『自分探し』の罠《わな》」とは、どういうことか。本文の内容を踏まえてわかりやすく説明しなさい。

（　　　　　　　　　　　　　　　　　　　　）

問六　傍線部③「本当の自分」は、どこにあると筆者は考えているか。本文中より八字で抜き出しなさい。［　　　　　　　　］

問七　本文には次の文章が抜けている。これを入れる最も適当な箇所を本文中の【1】～【4】の中から選び、記号で答えなさい。（　）

ちょうど真っ白な原稿用紙を前にどんなに頭をかきむしっても何も書けないのと同じです。

4 次の文章を読んで、後の問いに答えなさい。（句読点、符号は字数に含む）（昇陽高）

１９９０年代のスイス。

原子力エネルギーに大きく頼っているこの国では、核廃棄物の処理場が必要だった。

その建設候補地として、ある小さな村が選ばれた。

建設の可否を決める住民投票の前に、数名の経済学者が、村の住民に対して処理場受け入れに賛成か反対か、事前調査を行った。［A］51パーセントの住民が「処理場を受け入れる」と答えた。

そこで経済学者たちは、一つの前提を加えた上で、もう一度アンケートを実施した。「国が全住民に毎年、多額の補償金を支払う」という前提だ。［B］、処理場を受け入れてもらう「見返り」として住民の皆さんに大金を払いましょう、という提案を付け加えたのだ。

すると、①結果は予想に反して、賛成派は51パーセントから25パーセントに半減してしまった——。

これは『これからの「正義」の話をしよう』で日本でも注目された政治哲学者、マイケル・サンデルの著書『それをお金で買いますか』で取り上げられている実話です。

②何の見返りもなく処理場を受け入れると言った住民たちの半数が、「見返りとして大金を払う」というオファーを提示されたとたん、意思を変えてしまったのです。

この結果は、③僕らの常識に反するように思えます。

僕らは、それに見合《みあ》うａ対価や見返りが支払われるのであれば、嫌なことでも引き受けると考えています。ましてや、このスイスの例のように、そもそも処理場受け入れに賛成している住民が、多額の補償金を提示されたとたん受け入れ拒否に回る、というのは不可解です。

この結果は何を意味しているのでしょうか。

④そもそもなぜ住民たちが処理場受け入れに賛成したかというと、「自分たちの国は原子力にｂ依存しているのだから、核廃棄物はどこかに貯蔵されなければならない」という認識が住民の間にあったからです。つまり、原子力の恩恵をすでに受け取っているのだから、私たち国民がその負担を引き受けなければならない、という「公共心」があったということです。これまでに受け取っていたものに対するお返しとして、自らがそれを引き受けよう——。

ところが、経済学者たちによる事前調査は、そのような無償の善意を「お金で買おう」としてしまったのです。そしてこのお金は、住民たちにとっては、賛成票を買うための賄賂《わいろ》に見えてしまった。だから反対した、ということだったのです。

誰かが引き受けなければならない、市民としての貢献は「お金では買えないもの」だったわけです。

お金では買えないもの。

実は僕らは、この正体が分かっていません。

実際、先ほどの結果が僕らの常識に反しているように見えるという点にそれが示されています。

お金で買えないものとは何であり、どのようにして発生し、どのような効果を僕らにもたらすのかが分かっていない。［C］、常識に反するように思われるのです。

本書では、このような、僕らが必要としているにもかかわらずお金で買うことのできないものおよびその移動を、「［　］」と呼ぶことにします。

そして、僕らはお金で買えないもの＝贈与のことがよくわかっていません。

でも、それもそのはずなのです。

学校でも、社会に出てからも、贈与について誰も僕らに教えてくれなかったからです。

しかし、冒頭のスイスの例のように、僕らはお金で買えないもの、つまり贈与を必要としています。

必要であり重要なのに、その正体が分かっていない。

僕らが贈与について理解していない証拠はまだあります。

家族や友人、恋人など、僕らにとって大切な人との関係性もまた、「お金では買えないもの」です。

そして、家族や友人、恋人との関係で悩んだことのない人は少ないはずです。

なぜそのようなことが起こるのか。そこにはお金では買えないもの＝贈与のc原理が働いているからです。

贈与の原理が分かっていないからこそ、僕らは大切な人たちとの関係を見誤るのです。

（近内悠太「世界は贈与でできている」より）

問一　［A］～［C］に入れるのに最も適切なものを次から選び、それぞれ符号で答えなさい。A（　　）B（　　）C（　　）

ア　しかし　イ　だから　ウ　すると　エ　つまり

問二　――線a～cの意味として最も適切なものを次から選び、それぞれ符号で答えなさい。

a「対価」（　　）

ア　代用　イ　代償　ウ　代物　エ　代行

b「依存」（　　）

ア　寄りかかること　イ　助けられること

ウ　頼みにすること　エ　任せられること

c「原理」（　　）

ア　根本法則　イ　実践理論

ウ　形式論理　エ　自然法則

問三　――線①「結果」の対義語を漢字で答えなさい。（　　）

問四　――線②「何の見返りもなく処理場を受け入れると言った住民たちの半数が、『見返りとして大金を払う』というオファーを提示されたとたん、意思を変えてしまったのです」とあるが、それはなぜか。最も適切なものを次から選び、符号で答えなさい。（　　）

ア　住民たちは国が原子力に依存しているのを知っていたから。

イ　住民たちは原子力の恩恵をすでに受け取っていたから。

ウ　住民たちには賛成票を買うための賄賂に見えてしまったから。

エ　住民たちにはそれほど多額な金額には思えなかったから。

問五　――線③「僕らの常識」とはどのようなものか。文中から解答欄に合うように四十字以内で抜き出しなさい。

［　　　　　　　　　　］

［　　　　　　　　　　］という考え。

問六　――線④「そもそもなぜ住民たちが処理場受け入れに賛成したか」とあるが、その理由を文中から三字で抜き出しなさい。［　　　］

問七　［　］に入る語を文中から二字で抜き出しなさい。［　　］

問八　本文の内容に合致するものを次から一つ選び、符号で答えなさい。（　　）

ア　核廃棄物の危険性を最小限にするために人口の少ない村を選んだスイスの政策は、経済学者たちの実験のせいで無効となった。

イ　住民たちの無償の善意を「お金で買おう」とした経済学者たちは、結果として住民たちの心情を逆撫《さかな》ですることとなってしまった。

ウ　常識に反するような行動が発生するのは、「お金で買えないもの」を「お金で買おう」としたときに必ず起こる現象である。

エ　僕らにとって大切な人との関係性も「お金で買えないもの」であり、その原理が分からないからお互いの関係を見誤るのである。

問九　この文章の構成として最も適切なものを次から選び、符号で答えなさい。（　　）

ア　まずスイスで実際にあった話を持ち出し、次に日本では考えられない言動を解説し、最後に人間のあるべき姿を提唱している。

イ　まずスイスの経済学者の実験を紹介し、次にその結果を解説し、最後に日常的な事例を用いて人間とは何かを結論づけている。

ウ　まず他者の文章からの実話を提示し、次にそのメカニズムについて解説し、最後に異なった事例を用いて論を補強している。

エ　まず他者の文章からの実験結果を引用し、次にその論に反証する例を列挙し、最後に人間関係の難しさについて述べている。

5　次の文章を読んで、後の各問いに答えなさい。字数制限のあるものは、原則として句読点も一字に数えます（指示のあるものは除く）。

（奈良文化高）

インターネット社会では、他者の目がしがらみや視線の暴力となって個人にのしかかります。生身の人間としてつながる社会ではなく、点としてインターネットに浮かぶ存在となったために、すべては個人に帰《き》せられ、決断も個人に丸投げされています。自己実現、自己責任が問われるのは、ネット社会ゆえでしょう。世界に点としての自分しかいなければ、他者に責任を①アズけるわけにはいきません。もちろん、誰かに(1)責任□□することはできるかもしれませんが、連帯はできません。（Ａ）孤独になっていく。

このまま進めば、社会は、自分の欲望だけを信じ、他人のことなどどうでもいいという個人の集合体になってしまう可能性があります。自分にとっての敵を共同で排除するため、もしくは自分の利益になる存在だからつながる。他者とつながることに(2)そうした意味を求める利益中心の共同体ができつつあります。

国連のユネスコをはじめさまざまな組織が、「(3)誰一人として取り残されない社会の実現を目指す」ことを課題に②掲げていますが、こうしたことをこぞって言い始めたのは、世界が今、それとは逆の方向に向かっている証しでしょう。特に若い世代は、取り残されたくないという不安を抱えているように思います。他者に頼ることができなくなっているのです。保険という仕組みがあるのは、信頼関係で結ばれた共同体が機能しなくなっているからでしょう。人間が信頼し合っていたら、困ったら誰かが助けてくれるわけですから保険などかける必要はありません。個人が困ったときに誰も助けてくれない可能性があるからこそ保険をかける必要が生まれているわけです。頼れるものが何もない中、個人が取り残され、格差が増大する。それは、情報化社会の行き着くディストピア※です。

ぼくたちは、インターネットでつながった社会も言葉も、捨てることができません。（Ｂ）、ネットの中だけでつながっているのは危険です。インターネットは、人間を情報化する③ソウチであって身体でつながることはできません。相手はなりすましているかもしれないし、もしかしたら存在すらしていないかもしれない。嫌になったらすぐに消せる存在でもあるし、消される存在でもあります。

情報交換をするためのツールとして電話やメール、インターネットが登場したといっても、ひと昔前までは最初に人間の五感がありました。ところが、今は生まれたときからインターネットのフィクションの社会があります。まずはインターネットを通して世界を知り、次に生の経験をする。(4)かつてとは順序が逆です。（Ｃ）、先に存在するフィクションとしての世界は、自分の好きな情報でつくられた世界です。それは本来、他者と共有できるものではないのに、デジタル世代の子どもたちは、その構築された世界の中で見聞きする情報を互いに交換している。自分で見た世界の情報を交換していた時代の人間とは違います。

　フィクションの世界での経験だけを積み重ねていると、繰り返しも再現もできないリアルな世界とすり合わせることができなくなります。(5)リアルな世界では、失敗しても前に戻れないし、傷つきもする。なぜ、フィクションの世界のように自分の思い通りにいかないのか悩みます。そして、わけがわからなくなって暴力を振るったり、泣き叫んだり、閉じこもったりしてしまいます。

　こんなはずではなかったと思う前に、生の世界を直観力で切り抜ける能力を鍛《きた》えないといけません。そのためには、現実の世界と身体を使ったリアルな付き合いをする必要があります。実際のフィジカルな④セッショクでも、声だけのやり取りでも、気配を感じるだけでもいい。インターネットで情報をやり取りして終わりではなく、会って、作業をともにして、相手の世界の中に入って、ときにギクシャクしてみる。そうすると、いろいろな感情が芽生えます。相手に受け入れられる、拒否される、裏切られる。こうしたことを繰り返して、人間と人間が付き合うということはこういうことなのだと学んでいく。

　こうして自分の価値が(6)単純なものではなく、さまざまに受け取られるものであることがわかっていくのです。自分を受け入れる友だちだけと付き合っていれば生きる意味がわかるかというとそうではありません。いろいろな人間関係があるからこそ、自分が存続できます。人間は他者の評価によってつくられるものです。だから、いろいろな自分をつくっておかないと、ある特定の個人が自分を拒否、否定したら自分はなくなってしまいます。自分を支え、自分に期待をしてくれる人がいろいろいるからこそ、どこかで信頼を失っても、どこかで関係が⑤クズれてしまっても、生きられるのです。

（山極寿一「スマホを捨てたい子どもたち」より）

（※注釈）ディストピア…理想とは正反対の世界

一、傍線部①〜⑤のカタカナを漢字に直し、漢字は読みをひらがなで書きなさい。

①（　　ける）②（　　げて）③（　　）④（　　）

⑤（　　れて）

二、傍線部(1)「責任□□」の□にそれぞれ漢字を書き入れ、「他人に責任を押しつける」という意味の四字熟語を完成させなさい。責任□□

三、（Ａ）・（Ｂ）・（Ｃ）に入る適当なことばを、それぞれ次から一つずつ選び、その記号を書きなさい。

Ａ（　）Ｂ（　）Ｃ（　）

ア　でも　イ　または　ウ　ところで

エ　そして　オ　だから

四、傍線部(2)「そうした意味」とはどのような意味か。本文中より抜き出し、初めと終わりの五字を書きなさい。□□□□□〜□□□□□

五、傍線部(3)「誰一人として取り残されない社会の実現を目指す」とあるが、よりよい社会の実現に向けて二〇一五年の国連サミットで採択

された国際目標を表す略称として適当なものを次から一つ選び、その記号を書きなさい。（　　）

ア　ASEAN　イ　IAEA　ウ　OECD　エ　SDGs

六、傍線部(4)「かつて」とはどのような時か。本文中より二十字以内で抜き出しなさい。

七、傍線部(5)「リアルな世界では、失敗しても前に戻れないし、傷つきもする」とあるが、そのような世界を生きていくためには、どのような取り組みをしていくのがよいか。本文中のことばを用いて二十五字以内で書きなさい。

八、傍線部(6)「単純」の対義語を、漢字二字で書きなさい。

九、本文の内容に合致するものを次から一つ選び、その記号を書きなさい。（　　）

ア　インターネット社会では常に他人の厳しい視線にさらされているので、心を許せる友だちとの付き合いの中で安らげる場面を確保しておくのがよい。

イ　インターネット社会では実体験が希薄になりがちなので、自分を確立していくためには、失敗してもよいから他者との関わりの中に身を置くことが大切である。

ウ　インターネット社会では、情報を積極的に獲得しにくいことが他者との関わりを確かなものにして、社会から取り残されることのない生活を保証してくれる。

エ　インターネット社会では膨大な量の情報を処理していかねばならず、人との付き合い方においてもこれまでとは異なる新たな様式が必要とされている。

6　次の文章を読み、各問いに答えよ。（奈良県）

近代科学としての地理学と歴史学の分類は、カントが、「地理学は相互に隣接している事象の記述であり、空間と関連する。」、また「歴史学は相互に継起する事象の記述であり、時間と関連がある。」としたことに①由来する。簡略に表現すれば、地理学を「空間的並存」の状況を記述する学問、歴史学を「時間的継起」の様相を記述する学問、と定義したのである。

確かに、空間の概念と時間の概念は別のものであり、空間と時間を理論的に区別することはできる。近代以後の、地理学と歴史学の研究対象の違い、あるいは地理の学校教科書と歴史の学校教科書にみられる違いは、カントによるこの分類に端を発すると言ってもよいであろうし、現在もその基本は変わっていない。

しかし、現実の空間の様相と時間の経過はどうであろうかと考えるとすれば、私には別の感覚が頭をもたげて②くる。

唐突に個人的経験を語ることになるが、私は空間の違いと時間の経過を、一つの事例から同時に実感したことがある。それは、言葉をめぐる印象的な体験であった。

もとより人間社会にとって言葉は、意思を疎通し、情報を伝達したり、それを蓄積したりするために不可欠である。言葉が人間の文化の基礎をなすことは改めて言うまでもない。その言葉が、例えば日本とフランスでは異なっていて、言葉を含むそれぞれの文化が、異なった空間において並存している状況は、確かに地理学にとっても重要課題となりうる。

私が体験した一つの事例とは、用務のためにかつてパリを訪れた際のことであった。その折、③パリ在住の日本人に通訳をしていただいた。フランス語ができないから通訳の世話になったのであり、通訳のフランス語について評価することはできない。しかし、おそらくは立派なフランス語であったと思われ、用務はきわめてスムーズに進行した。

違和感があったのはむしろ、通訳の日本人が話す日本語のほうであった。その折に年配の通訳が話した、非常に丁重な日本語は、現在からすれば随分古めかしい日本語だったのである。

その日本語はおそらく、通訳が若い時に日本で修得したものと思われる表現であった。私自身もおぼろげに、若い時に聞いたことがあったような気がするものの、現在の日常からは遠くなってしまった言葉遣いだったのである。その古めかしい日本語は、現在の日本において、ほとんど使われなくなった。ところがパリ在住の日本人通訳はおそらく、変化する日本語を更新する機会もないままに、旧態を維持したものであろう。

このように、異なった空間に並存しながらも、時間の経過によって、相互に異なった状況を呈する日本語の存在、といった現象を説明することができるのは、おそらく空間の側面からだけでも、時間の側面からだけでもないと思われるのである。

パリにおいて耳にした日本語について、私が感じた印象は次のように言い換えることができそうである。つまり、いろいろな空間に存在するさまざまな事象（例えば日本語）は、すべてが時間的（歴史的）な存在（変化する。あるいは更新するか、しないか）であることの一証である、と。このことは逆に見れば、すべての歴史的事象は、それぞれが空間的に展開するという意味において、空間的存在であるとも言えよう。

先の言葉の例に戻れば、この四十、五十年間における日本語の変化は、決して小さくない。戦後間もないころの人々が話した言葉は、すでに口語で記されたり、録音されたりした記録があるので、容易に確認できるであろうが、それと現代のわれわれが耳にする日本語はかなり異なっている。ところが『源氏物語』や『平家物語』などの古典の日本語と、現代の日本語との違いはさらに大きい。④言語が人間社会の文化の基礎であることは繰り返すまでもないが、その変化には人間社会の存在、人々の社会集団が必用である。一人だけの言葉の違いでは、それが別の人に通じたとしても、その一人の個性でしかないであろう。そもそもそれでは、情報の伝達や蓄積を目的とした言語の役割を、完全には果たさない。言語の変化には、時間の経過に加えて、一定量の人間社会からなる空間が不可欠なのであろう。

改めて言い換えると、すべての空間的事象は時間的（歴史的）存在であり、すべての歴史的事象は空間的存在であることになろう。空間を考えるために歴史過程への視角を保ち、また歴史過程を考えるために空間への視角を保つことなくしては、さまざまな事象の実態へは十分に接近し難《がた》いことになる。前者が地理学の側からの歴史地理学の視角であり、後者における歴史学の側からの視角もまた、同様に歴史地理学と呼ばれる。

つまり、歴史地理学は「空間と時間の学問」と言うべきであり、⑤歴史地理学は、カント以来の歴史学と地理学における空間と時間のギャップへの、架け橋の役割をも果たすことになろう。

（金田章裕「地形と日本人」より）

（注）カント＝ドイツの哲学者
必用＝必要
視角＝視点

(一)　――線①とほぼ同じ意味で用いられている言葉を、文章中から五字で抜き出して書け。［　　　　　］

(二)　――線②と同じ働きをしている「くる」を、次のア～エから一つ選び、その記号を書け。（　　　）

ア　喜びの便りがくるのを待つ。　イ　もうすぐ一雨くるようだ。
ウ　留学生が私のクラスにくる。　エ　よい考えが浮かんでくる。

㈢　――線③とあるが、この通訳が話したフランス語と日本語の説明として最も適切なものを、次のア～エから一つ選び、その記号を書け。（　　）

ア　フランス語はフランス人にとって違和感のない言葉遣いのようだが、日本語は発音が不明瞭で伝わりにくいものであった。
イ　フランス語はとても流ちょうな話しぶりだったが、日本語は言葉遣いに誤りがあり、どこかたどたどしさを感じさせるものであった。
ウ　フランス語は用務に役立つものであり、日本語はたいそう丁寧で時代がかった、現在の言葉遣いとは合わないものであった。
エ　フランス語も日本語も、若々しさは感じられないものの、とても美しい言葉遣いであり、上品な人柄が伝わってくるものであった。

㈣　――線④とあるが、筆者が言語や言葉を人間社会の文化の基礎だと考える理由に当たる一文を、文章中から抜き出し、その初めの五字を書け。

㈤　――線⑤とあるが、このように筆者が述べるのはなぜか。その理由を、文章中の言葉を用いて四十字以内で書け。

㈥　この文章の論理の展開の仕方について述べたものとして最も適切なものを、次のア～エから一つ選び、その記号を書け。（　　）

ア　筆者の体験に基づいて仮説を立て、その妥当性を複数の視点から検証し、新たな定義として整理している。
イ　一般的な考えを説明した上で、筆者の実体験を根拠として自らの見解を解説し、結論づけている。
ウ　はじめに複数の事例を挙げ、そこから共通して読み取れることを筆者の主張として示し、論をまとめている。
エ　身近な課題から書き始め、その背景の分析と検討を重ねた上で、筆者の考える解決策を示している。

7　文章を読み、あとの問いに答えなさい。　**（彩星工科高）**

みなさん、ガリレオ・ガリレイ※1（一五六四～一六四二年）は知っていますよね？　地動説※2を唱えて裁判にかけられ、有罪になった人です。「それでも地球は動く」という捨て台詞《ぜりふ》を吐いたとか吐かなかったとか。ア世間では「天文学の父※3」と呼ばれ、ピサの斜塔のイジッケンでも有名な人です。

そのガリレオは、望遠鏡をもっとも早くからとりいれたひとりでした。一六〇八年、オランダで望遠鏡が発明されます。ガリレオはその噂《うわさ》を聞きつけ、さっそく①試行（　）誤のうえに自作の望遠鏡を作り、天体観測を行ないました。倍率は約三三倍。デジカメの倍率を考えるとなかなかのものです。

A、一六一〇年の四月のこと。ガリレオは、イタリアのボローニャに二四人もの大学教授を集めて、自作の望遠鏡をウ披露しました。（こいつら、俺様の大発見にビックリエギョウテンするにちがいないゾ）期待にワクワクしながら。ガリレオは、まず彼らに望遠鏡で地上の様子をみてもらいました。

B、どうでしょう。望遠鏡をのぞきこむと、山や森や建築物など、はるか遠くにあるものがドーンと目のまえに映しだされます。

「②これはすごい！」と教授たちはその迫力に驚き、ガリレオをオ称賛しました。当時、イタリアでは、だれもまだ望遠鏡をみたことがなかったのです。

[C]、話はこれで終わりません。つぎに、ガリレオは教授たちに望遠鏡で天体をみせたのです。

[B]、どうでしょう。それまではボンヤリとした光る点にすぎなかった夜空の星々が拡大され、月のクレーターまでもがはっきりとみえたのです。

教授たちはまたしても驚きました。そして、口々にこういったのです。

「こんなのはデタラメだ！」

教授たちのなかには、当代きっての天文学者ケプラー※4のカ弟子、ホーキーもいました。

彼はつぎのように語っています。

「それ（望遠鏡）は、下界においては見事に働くが、天上にあってはわれわれを欺《あざむ》く」

[D]、ガリレオの望遠鏡は地上をみる分には問題なく作動するが、天に向けるとうまく働かない代物《しろもの》だ、と文句をつけているのです。

（なぜだ！　なぜ、こいつらは俺様の大発見を否定するのだ？　自分たちの目でみているのに！）

まさに天国から地獄へ。称賛の的になると期待していたガリレオは、③失意のどん底につき落とされました。

この教授たちの反応は非常におもしろいですよね。どうして突然、彼らはデタラメだといいだしたのでしょうか？

当時、天上界というのは完全な法則に支配されたキカンペキな世界だと思われていました。つまり、④神が棲《す》む世界です。そこでは、すべてのものが規則的に動き、美しく、統一ある姿をしています。

ですから、月に凸凹《でこぼこ》（クレーター）などあるはずがないんです。凸凹というのは不完全ということですから。星の表面は、キレイにのっぺらぼうじゃないといけなかったわけです。

それなのに、望遠鏡でみると、ぜんぜんのっぺらぼうじゃない！

月のほかにいろいろな星をみてみても、けっきょく自分が期待していたものがみえないわけです。太陽の表面には、⑤黒く汚れたシミのようなもの（黒点）までみえたりもします（そのままみたら目を痛めますが、ガリレオは太陽高度が低いときをクネラって望遠鏡でのぞいたようです）。

教授たちの頭のなかには、その当時の人々が抱いていた天体の「⑥本当の姿」みたいなものがあって、それとちがうものがみえてしまう。だから、態度を豹変《ひょうへん》させて、「この望遠鏡はおかしい、デタラメにちがいない！」と騒ぎだしたわけです。

一方、望遠鏡で地上をみると、遠くの山や建物が目のまえに映しだされます。地上では、自分が期待していたものが単に大きくみえるのです。

遠くのものが拡大されてみえるということは、実際にその山や建物の近くにいってみればすぐに確認できますよね？　だから、望遠鏡がデタラメを映しているわけじゃないことに、だれもが納得するんです。

けっきょく、教授たちがだした答えは、地上はいいけど天上はダメ（笑）。望遠鏡は地上をみるときだけしかうまく作動しないゾ、という⑦結論だったのです。

一見とんでもない⑧屁理屈《へりくつ》に聞こえますが、当時は、「天上界と地上界はべつべつの法則に支配されている」という常識がはびこっていたので、そういった考え方はなんらまちがったものではなかったのです。

（竹内　薫「99・9％は仮説　思いこみで判断しないための考え方」より）

語注　※1　ガリレオ・ガリレイ　イタリアの物理学者・天文学者。
※2　地動説　地球が太陽の周りを回るという学説。
※3　天文学　天体の位置や宇宙の構造などを研究する学問。
※4　ケプラー　ドイツの天文学者。

問一　傍線部①の（　）に漢字一字を入れ、四字熟語を完成させなさい。（　）

問二　空欄A～Dに当てはまる語句を次のア～エから一つずつ選び、符号で書きなさい。A（　）B（　）C（　）D（　）
ア　しかし　イ　すると　ウ　つまり　エ　さて

問三　傍線部②「これ」が指す内容の一文を本文中から抜き出し、最初と最後の五字を書きなさい。（句読点は一字とする）　～

問四　傍線部③「失意のどん底につき落とされました」とあるが、その理由として最も適当なものを次のア～エから一つ選び、符号で書きなさい。（　）
ア　地上の様子を見た教授たちに、こんなのはデタラメだと否定されたから。
イ　地上の様子を見た教授たちに、遠くにあるものが見えないと言われたから。
ウ　天に向けるとうまく働くが、地上をみるとうまく働かないと教授たちに言われたから。
エ　天に向けるとうまく働かないと、教授たちに自分の発見を非難されたから。

問五　傍線部④「神が棲む世界」を言い換えていることばを本文中から三字で抜き出しなさい。（句読点は一字とする）

問六　傍線部⑤「黒く汚れたシミのようなもの」に使われている表現技法は何か。次のア～エから一つ選び、符号で書きなさい。（　）
ア　倒置法　イ　隠喩　ウ　直喩　エ　擬人法

問七　傍線部⑥「本当の姿」とはどのような姿か。具体的に述べている箇所を解答欄に合うように本文中から二十二字で抜き出しなさい。（句読点は一字とする）
姿

問八　傍線部⑦「結論」とあるが、教授たちがその結論を出した理由として最も適当なものを次のア～エから一つ選び、符号で書きなさい。（　）
ア　天上界と地上界は、統一された法則によって支配されているから。
イ　天上界と地上界は、それぞれの法則によって支配されているから。
ウ　天上界は、地動説によって支配されているから。
エ　地上界は、完全な法則によって支配されているから。

問九　傍線部⑧「屁理屈」の意味を次のア～エから一つ選び、符号で書きなさい。（　）
ア　道理のかなっている理屈　イ　自分が信じる理屈
ウ　他人から影響を受けた理屈　エ　筋道の立たない理屈

問十　本文の内容と合致するものを次のア～オから二つ選び、符号で書きなさい。（　）（　）
ア　ガリレオは自分の発見を認めてもらうことができず、がっかりした。
イ　教授たちは主観的な考え方で望遠鏡という発明を全否定した。

ウ　教授たちは望遠鏡を発明したが、うまく使いこなすことができなかった。

エ　当時の人々は、月のことを完全な法則に支配されたものだと思っていた。

オ　ガリレオは教授たちに称賛され、世紀の大発明だと当時の人々から尊敬された。

問十一　波線部ア～クの漢字の読みをひらがなで書き、カタカナは漢字で書きなさい。

ア（　　）イ（　　）ウ（　　）エ（　　）オ（　　）

カ（　　）キ（　　）ク（　　）

8　次の文章を読んで、後の問いに答えなさい。（句読点や記号なども文字数に含みます。）

（追手門学院高）

わたしは今、童話作家と政治家というまったく質のちがうふたつの仕事をかかえています。ことなる仕事をふたつもつということは、いろいろなかたちで、自分に緊張を強いることなのです。

童話は、わたし自身の「　Ⅰ　」に住みついてはなれようとしない、くよくよとなやむ子や元気いっぱいに生きている子、親や教師に反抗する子、好奇心にあふれて目をかがやかせている子どもたちにうながされて書いているところがあります。わたしの「心の世界の子ども」は、現実に生きている子どもたちと太い糸でつながっています。

わたしは自分の書く童話や政治を通じて、「何かしたい」という精神の自由とエネルギーをもった子どもたちが、ひとりでも多く育っていってくれる土壌をつくりたいとねがっています。わたしは自分がイメージする子ども像と　Ⅱ　で生きており、わたしが自分を「子ども代表の政治家」と自負している理由もここにあります。

わたしはときどきなにげなく使う「①子どものために」という言葉にハッとすることがあります。「子どものために」という発想は子どもたちに何かよいことをしてあげているという思いあがりや、上から下を見る関係ではないのだろうかと思ったりします。

「…のために」ではなく「…といっしょに」という発想が必要であり、そうでないと、子どもの本当の願いを深く理解することはできないし、子どもたちが両手いっぱいにかかえきれないほどもちたいと思っている「自由」の意味も理解できないように思います。

わたしは子ども時代、「いい子でいたい」「よく見られたい」という自意識の強い子でした。先生にしかられることなんて考えられないことだったと思っています。【　A　】、わたしの基本的な欲求は、この「自意識からの自由」であったと思います。

「いい子でいたい」という強迫観念は、「これがしたい」という欲求を犠牲にして、仮面をかぶった自分を演じることなのです。

演技的に生きるのもひとつの人生観であり、人間は、どこかでそういうふうに生きている存在かもしれません。【　B　】「これがしたい」という人生観は、なんといっても、人間としてもっとも自然な生き方ではありましょう。

みずからのもつ力を大きく強く見せようといきりたつこともなく、みずからの知識がさも深いように演技する必要もなく、お金もちではないのにお金があるようにふるまう必要もありません。

「…すべき」という人生観よりも「…がしたい」とつぶやく人生観をもつほうが、肥田美代子というひとりの人間としての自然な生き方であろうかと思います。だからわたしは②政治家らしい政治家より自分らしい政治家になりたいと思っているのです。

わたしの子どものころにくらべると、子どもたちの世界は、根本的に変化しました。〈ア〉

高学歴になり、勉強時間も長くなり、情報が多くなった子どもたちが求めるものも大きくかわってきたようです。「一流大学から一流企業へ、そして幸せな家庭へ」という、今までの軌道にひびが生じてきました。学歴社会の波に乗れば、企業内でそこそこの出世が約束されるという［Ⅲ］から、わたしたちが［Ⅳ］をとりもどすチャンスがきたのです。

官僚の汚職事件などを目のあたりにして、「これが自分の将来なのか」と考えこむ子どもがいます。子どもたちは今、なんとなく、自分の将来を予測できる時代に生きているのはたしかなようです。

しかし、それでもなお、子どもたちは、今この瞬間を生きているという実感をさがしています。〈イ〉

子どもたちの「自由への旅」はときとして、他人の「自由の侵害」を道連れにすることがあります。

わたしは、校内暴力やいじめという行為が、生命のバランスをくずした不幸な結果である、といいましたが、それは暴力やいじめの対象とされる子どもの自由がうばわれるからです。ほかの子どもの存在をおびやかすことで獲得される自由は本当の自由ではない。それは自分の利益にかけずりまわる、一部の官僚や政治家と同じレベルのエゴイズム※なのです。

「暴力やいじめの自由」を主張するひとがいるとすれば、わたしはそんな自由をきっぱりと否定します。

わたしは、「暴力からの自由」「差別からの自由」を何よりも優先したいと思います。〈ウ〉

自由を表現するということは、みずからを律する責任をともなうものなのです。だから個人の自由をがむしゃらに追えば、つねに社会のきまりとぶつかりあうことはさけられないのです。そのふたつの関係を、どこで折りあい※をつけ、どうコントロールするのか、その調整能力が③人間の理性であり、アイデンティティ※、つまり自己同一性といわれるものなのです。〈エ〉

「子どもの権利条約」は全世界の子どもたちにおとなと同じ政治的、経済的、社会的、文化的、市民的な権利をあたえました。人間としての尊厳を大切にしあいながら、④すべての子どもに自由と権利を送りとどけようとしています。

それは、単に、夜中にもカラオケで歌いまくりたいとか、ひとよりも高価な服を着たいとかいう、個人のエゴイズムにもとづく自由や権利ではなく、人間として生きていくうえで、あなたのとなりのひともまたそのとなりのひともきっとのぞむにちがいない大切なことをいうのです。

「子どもの権利条約」に生命力をもたせるためには、国内の法律、政治、政策を条約にそってかえていくことが政治家としてのわたしの仕事であると考えています。それは、「子どものために」ではなく、子どもとおとながよりよく生きていくためにわたしがしなければならない仕事なのです。

（肥田美代子「学校図書館の出番です！」より）

※エゴイズム……自分の利益を重視する考え方。
※折りあいをつける……譲りあって双方が納得のいく妥協点を決めること。
※アイデンティティ……自分とは何者なのかという概念。

問1 【A】・【B】に入る最も適当なものを次から選び、記号で答えなさい。A（　　）B（　　）

ア しかし　イ なぜなら　ウ あるいは
エ だから　オ さらに

問2　[Ⅰ]に入る最も適当な語を、文中から4字で探し、抜き出しなさい。[　　　　]

問3　[Ⅱ]に入る最も適当なものを次から選び、記号で答えなさい。（　　）

ア　一期一会《いちごいちえ》　イ　三位一体《さんみいったい》

ウ　二人三脚　エ　二者択一

問4　傍線部①とありますが、筆者はこの言葉をどのようにとらえていますか。解答欄の形に合うように45字以内で答えなさい。

「子どものために」という言葉は、[　　　　　　　　　　　　　　　　　　　　　　　]ととらえている。

問5　傍線部②はどういうことですか。次から最も適当なものを選び、記号で答えなさい。（　　）

ア　政治家として子どもの純粋な気持ちを大切にしながら、可能な限り自然の中で生きていきたいということ。

イ　政治家という肩書きではなく、肥田美代子という名前を政治活動の前面に出して生きていきたいということ。

ウ　政治家だけにこだわることなく、童話作家などあらゆる職業を兼業で多くこなして生きていきたいということ。

エ　政治家らしく演じることなく、自分が本当にやりたいことを大切にする政治家として生きていきたいということ。

問6　[Ⅲ]・[Ⅳ]に入る語の組み合わせとして適当なものを次から選び、記号で答えなさい。（　　）

ア　Ⅲ　悪夢　Ⅳ　安定　イ　Ⅲ　幻想　Ⅳ　自由

ウ　Ⅲ　人生　Ⅳ　平和　エ　Ⅲ　安住　Ⅳ　自信

問7　傍線部③とはどのようなものですか。20字以内で説明しなさい。

[　　　　　　　　　　　　　　　　　　　　]

問8　傍線部④とありますが、その実現のために筆者が必要だと考えていることを文中から25字で探し、初めと終わりの5字を抜き出しなさい。[　　　　　]～[　　　　　]

問9　次の文は、文中の〈ア〉～〈エ〉のうち、どこに入れるのが最も適当ですか。記号で答えなさい。（　　）

（文中に入れる文）

この実感こそ、みずからを自由に表現したいとねがう子どもたちの旅だちなのです。

問10　本文の内容として最も適当なものを次から選び、記号で答えなさい。（　　）

ア　子どもたちに自由を実感してほしいと願ってはいるが、おとなの手助けは不要である。

イ　子どもたちのために自分が何かをしなければならないと、疑いもなく常に考えている。

ウ　子どもたちが自由を実現するためには、場合に応じて自身の行動を律する必要もある。

エ　子どもたちが自由への旅をつかむためには、ありとあらゆる自由を優先すべきである。

9　次の文章を読んで、後の問いに答えなさい。各問題とも特に指定のない限り、句読点、記号なども一字に数えなさい。（初芝立命館高）

ドネラ・H・メドウズ[※1]らの著した『成長の限界――人類の選択』には、人類が限界を超えてしまう「行き過ぎ」のことが書かれている。それによると、人間が生態系と生物多様性を利用する際に行き過ぎてしまうと、生物多様性は徐々に悪化するのではなく、一気に崩壊するかもしれない。私たちが持続可能な社会を築くためには再生可能な資源を利用することが絶対必要であり、化石燃料にかわって再生可能なエネルギー資源や材料資源が望まれている。エネルギーは水力発電や風力発電、太陽光発電が期待されるが、石油のかわりの材料となる資源では再生可能な資源としての生き物が重要になってくるのは間違いない。生き物が絶滅するのを放置するのは①最悪のギャンブルである。もしもこのまま何もせず崩壊してしまったとしたら、その打撃やⓐヒガイから回復するには何百年も何千年もかかるだろう。しかも元通りにはならない。ただし、行き過ぎているからといって必ずしも崩壊してしまうわけではない。意識的に方向ⓑテンカンし、過ちを修正することができれば、限界を超えた状況から引き返すことができるかもしれない。

　私たちはしばしば忘れてしまうが、人間は動物であり適切な温度と湿度、清浄な空気と水を欲する。人間は自然生態系にまるっきり依存して生活している。私たちは日常生活を通して、生物多様性や生態系とかかわっている。身の回りは何百何千という生き物であふれており、②私たちはそれらの生き物とかかわって生きている。むしろ、生き物とかかわらずに生き物の恩恵を受けずに生きていくことは不可能である。私たち人間の暮らしは生物多様性から生み出されるたくさんの恵みによって支えられており、私たちにはⓒケンゼンな生態系と生き物がかならず必要である。それは、衣食住だけでなく、文化、快適さ、安全、生きるための基盤をまるっきり依存している。こういう意味では人間は、生態系が提供する人間にとって有益な機能である「生態系サービス」にまるっきり依存して生きているといえる。このことを理解して正しく行動することができるだろうか。生態系が供給する③このようなサービスが、自然の働きによってもたらされ、地球上の細菌や動植物の豊かな生物多様性によって提供されていることは、最近まで正しく評価されてこなかった。このことを私たちは理解できているだろうか。

　生態系サービスの価値は、現在すでに使っているサービスの顕在的な価値だけでなく、将来使うかもしれないサービスの〔Ｘ〕な価値も有している。生物多様性や生物間相互作用によって涵養《かんよう》[※2]される生態系や生態系サービスが、あらゆる人にとって大事である。生物多様性によって涵養されてきた生態系サービスに私たちはこれまで依存してきたし、これからも依存し続けるだろう。次の世代も豊かに暮らしてゆけるように、私たちは生物多様性を残していかねばならない。

　私たちが言葉を発して人とコミュニケーションをとるためには、文法を理解し、単語の意味を知らねばならない。さらに人と人とが触れ合うための社会的な知識も必要になる。そうでなければ他者と意思疎通しながら社会で生きていくことはできない。それと同じで、生物多様性の恩恵によって生きている私たちが、これからの時代に生き物とうまくつきあっていくためには、生き物を正確に識別してその性質を理解する力、さらにそれらを生かす知恵が必要になってきている。「言語により読み書きできる能力」をリテラシー（literacy）と呼ぶ。そこから派生して、「ある分野の事象を理解・整理し、活用する能力」を一般にリテラシーと呼ぶ。［Ａ］「情報リテラシー」や「コンピュータリテラシー」などである。現代のＩＴ社会で生きていくためにはコンピュータリテラシーが不可欠なように、生き物の恵みを大事にする社会では④生き物に対するリテラシーを身につけなければならない。

　私が中学生だったころ、社会で生きていくのに理科も数学も必要ないと言われたことがあった。実際の社会生活で理科や数学の知識が試されることは少なく、むしろ人とコミュニケーションをとるための国語や英語の能力の方が重視された。理科や数学の外形だけに注目してしまうと、⑤ある意味そうかもしれない。［B］、理科や数学を学ぶことで論理的な思考や自然の法則に基づいた予測ができるようになり、だれしも人生をよりよく生きる哲学（方法）を学んでいるはずである。それに加えてこれからの時代には、環境問題に対応するために、理科や数学の知識が必要になってくるのは間違いない。私たちのさまざまな行為が生物多様性に対してどのような影響を持っているのかを私たちはよくわかっていない。だからといって、ひとつひとつの事例に対して、何がよくて何がよくないのか判断するのをⓓホウキしてはいけない。

　生き物に大きく依存していた少し前の時代の生活は忘れられつつある。一九五〇年ごろから現在にかけて、そのような生活は石油文明に押され気味である。しかしながら、石油資源の枯渇問題や二酸化炭素のⓔハイシュツ問題のことを考えると、人間はこれ以上石油に依存する生活を続けていくことはあまり得策ではないように思う。［C］、昔のように生物資源に依存することが多くなるに違いない。そうなったときに生物多様性が失われていては、私たちの生活を将来どのようなものにしてゆけるのかという未来の可能性が狭《せば》まってしまう。だからこそ今、生き物の恩恵を私たちの心のまんなかに据《す》えて、これからの時代に向けて生物多様性を主流化する必要があるし、生活を支える生物多様性や環境、人と生き物の現状のことを、誰もがもっと自分から学び、考える必要があるだろう。

（阿部健一《あべけんいち》編「生物多様性　子どもたちにどう伝えるか」より。本文を一部改変）

【注】（※1）ドネラ・H・メドウズ…アメリカの環境科学者。
（※2）涵養…水が自然にしみこむようにゆっくりと養い育てること。

問一　〰〰線部のⓐ～ⓔのカタカナをそれぞれ漢字に改めなさい。

ⓐ（　　）ⓑ（　　）ⓒ（　　）ⓓ（　　）ⓔ（　　）

問二　［A］～［C］に当てはまる最も適当な言葉を次から一つずつ選び、それぞれ記号で答えなさい。

A（　　）B（　　）C（　　）

ア　なぜなら　イ　しかし　ウ　たとえば
エ　だから　オ　むしろ

問三　──線部①「最悪のギャンブルである」とありますが、その理由として最も適当なものを次から一つ選び、記号で答えなさい。（　　）

ア　エネルギー資源は、水力発電や風力発電、太陽光発電が期待されているから。
イ　人間は生態系を崩壊させてしまった後、過ちを修正することができないから。
ウ　化石燃料にかわる再生可能な資源として、生物資源が重要となってくるから。
エ　生態系や生物多様性を利用するときに、徐々に状況を悪化させてしまうから。
オ　私たちが持続可能な社会を築くために身勝手な行動をしてしまっているから。

問四　──線部②「私たちはそれらの生き物とかかわって生きている」について、文節の数を漢数字で答えなさい。（　　）

問五　──線部③「このようなサービス」とはどういうことですか。次の文に合うように本文中から二十字で抜き出して答えなさい。

【人間の暮らしが、［二十字］に支えられていること。】

問六　〔X〕に当てはまる言葉として最も適当なものを次から一つ選び、記号で答えなさい。（　　）

ア　表面的　　イ　潜在的　　ウ　外在的

エ　混在的　　オ　部分的

問七　――線部④「生き物に対するリテラシー」とありますが、どういうことですか。本文中から三十五字以内で抜き出し、最初と最後の五字を答えなさい。［　　　　　］～［　　　　　］

問八　――線部⑤「ある意味そうかもしれない」とありますが、どういうことですか。「～ということ。」に続くように、本文中から二十字以内で抜き出して答えなさい。

［　　　　　　　　　　　　　　　　　　　　］ということ。

問九　この文章の内容と合致するものを次から一つ選び、記号で答えなさい。（　　）

ア　私たちは、細菌や動植物の豊かな生物多様性によって生態系サービスが提供されることを今後も評価し続けなければならない。

イ　私たちは石油資源だけに依存してきたが、将来は自然生態系に移行していくので自然生態系や環境について学ぶ必要がある。

ウ　私たちはこれからの環境問題に対応するために、国語や英語の能力は軽視し、理科と数学を重点的に学習しなければならない。

エ　私たちは自然生態系に依存しており、将来に向けて生物多様性や環境、人と生き物の現状を積極的に学び、考えるべきである。

オ　私たちはこれまで生態系サービスに頼ってきたが、これからは生態系サービスにかわる新しい方法を見つける必要がある。

問十　――線部「環境問題に対応する」とありますが、あなたはどのような環境問題に関心がありますか。環境問題を一つあげ、どのような対策があるのか具体的に述べなさい。

（　　　　　　　　　　　　　　　　）

10　次の文章を読んで、後の問いに答えなさい。（解答の字数には句読点等を含むものとする。また、設問の都合で一部表現を変更したところがある。）

（滋賀学園高）

曖昧《あいまい》な表現は多くの言葉を費やして細かく述べたりしないので、お互いが「ツー」といえば「カー」と応じられるような洗練された関係がなければ①成立しません。いちいち噛《か》んで含めるような言葉にしないと理解できない野暮な人間のいる社会では、論理性が求められます。よそ者とつき合わなければいけない大陸諸国がそうなるのは、自然な成り行きでしょう。

それに引きかえ、【A】でわかり合える社会では、あまり事細かな表現は嫌われます。わかりきったことを口にするのは相手の理解力を信用していないように思われて失礼になるのです。たとえば、何かいうときに「私は」という一人称を主語に置くのは、「いちいちいわなくてもわかるよ」と思われるから略してしまうわけです。また、なるべく直接的な表現を避けて、※婉曲《えんきょく》なものいいになります。

外からの人の出入りの少ない島国は、②そういう関係性が生じやすい社会です。密閉された社会では人々の同質性が高まり、コミュニケーションが洗練されます。多くを語らずに意思の疎通ができるのですから、③いちいちこと細かく説明する社会よりも高度な言語能力を身につけているといえるのでしょう。

④人の行き来と言葉の曖昧さに相関関係があるのは、同じ日本の中で

も、関東と関西をくらべるとわかります。東京を中心とする関東のほうが人々の出入りが激しく、そのため関東人のほうが曖昧さを理解する能力が低いのです。

もともと、日本における⑤曖昧の美学は関西のほうで発達しました。関東はあちこちの地方から出てきた人々の寄り合い所帯のようなところがあって、それぞれお国言葉がつきまとっていますから、お互いコミュニケーションに自信がもてません。曖昧な表現をすると誤解される心配がありますので、何事もはっきり伝えようとするのです。それに対して、たとえば京都あたりでは、客に「そろそろ帰ってくれ」という代わりにお茶漬けをすすめたりするような婉曲表現が通用するようになりました。

東京の人が大阪に行って、老舗《しにせ》の企業に寄付をお願いしたとしましょう。頼まれた側が「考えておきましょう」とこたえます。東京の人はそれを聞いて帰ります。数日後に「ご検討いただけましたか」と電話を入れます。これを受け大阪の人は「なんと野暮な人なのか」と思うでしょう。はっきり「ノー」と断るのは無粋だから、あえて「考えておきましょう」と婉曲な表現をしているわけです。i額面どおり「イエスでもノーでもない」と受け止めてしまうのは単純なのです。

関東は関西よりも「オレオレ詐欺」の被害件数が一〇倍も多いということですが、これも言葉を額面どおりに受け止めることと関係があると思います。曖昧な言語文化が根づいている地域の人々のほうが、相手の言葉の裏や真意を読みとることに長《た》けているのです。

（Ⅰ）、関東地方の人々であっても曖昧な日本語を駆使して生活していることに変わりはありません。欧米人にくらべれば、より洗練されたコミュニケーションをしているといえるかもしれません。

たとえば一人称や二人称を省いた会話にしても、日本人同士なら、まず混乱することはありません。この「人称を省く」も、曖昧の美学の一種です。目の前にいる相手に直接「あなた」と呼びかけるのは失礼になるので、いちいちいわなくなったのでしょう。

（Ⅱ）「あなた」という二人称自体が、曖昧の美学に基づくものでした。「あなた」は「彼方《かなた》」に近い言葉ですから、目の前にいる人に「向こうのほうにいる人」とii敬遠して呼びかけているのです。

人の名前の下につける「殿」や「様」も、直接呼ぶことを避けるために添えられるようになりました。「殿」は「御殿」の「殿」ですから、その住居のこと。本人の代わりに建物のことを指しているのです。もうひとつの「様」は、「〜のようなもの」という⑥ニュアンスです。本人をじかに名指ししていないことにするわけです。

かつては手紙で「机下」という敬称を使いました。相手の机でも近すぎるから、その下というわけでしょう。「閣下」や「殿下」も同じ理屈で、どちらも「その建物の下」に向けてという意味です。「陛下」の「陛」は、宮殿の階段のこと。そうやって、当人から離れたものを指して呼びかけるほど、相手への尊敬が高まります。

（Ⅲ）、尊敬語や謙譲語にも、人称を隠す働きがあると考えることができるでしょう。たとえば「行く」という動詞は、そのままだと誰が主語なのかわかりませんが、「⑦いらっしゃる」と敬語にすれば自分ではなく相手が主語だとわかるので、「あなたは」という二人称をつける必要がありません。「参ります」と謙譲語にすれば、「私は」は不要です。

しかも、それによって相手への敬意をそれとなく伝えることができるのですから、⑧実によくできた言語だともいえるでしょう。はっきり「私はあなたを尊敬しています」と告げるのは、論理的ではありますが、iii露骨で美しくない。言葉にせずに気持ちを察するような会話は、成熟した社会でなければ生まれないでしょう。

こうしたことは、子供には理解できません。（Ⅳ）日本人であっても、小さな子に曖昧なコミュニケーションはできないでしょう。大人になるにしたがって、相手が言外に伝えようとしている意味合いを読みとれるようになります。

（外山滋比古「考えるレッスン」より）

※ 婉曲…はっきりとした表現を避けて、遠回しにいうさま。

問一 〰〰部ⅰ～ⅲの本文における意味として最も適当なものを次のア～エから一つ選び、それぞれ記号で答えなさい。

ⅰ「額面どおり」（　　）

ア 本当の意味のまま　イ 表面の意味のまま
ウ 辞書の意味のまま　エ 表面の金額のまま

ⅱ「敬遠し」（　　）

ア 避けること　イ 嫌うこと
ウ 距離を縮めること　エ 見下すこと

ⅲ「露骨」（　　）

ア いびつ　イ あからさま　ウ あやふや　エ おごそか

問二 （Ⅰ）～（Ⅳ）にあてはまる言葉として最も適当なものを次のア～エから一つ選び、それぞれ記号で答えなさい。（同じ記号を二度用いてはいけない。）

Ⅰ（　　）Ⅱ（　　）Ⅲ（　　）Ⅳ（　　）

ア さらに　イ たとえ　ウ そもそも　エ とはいえ

問三 ――部①の主語を本文から一文節で抜き出して答えなさい。

（　　）

問四 【Ａ】には「言葉によらずに、心から心へ伝える。」という意味の四字熟語が入る。あてはまるものを次のア～エから一つ選び、記号で答えなさい。（　　）

ア 一意専心　イ 以心伝心　ウ 一心同体　エ 一心不乱

問五 ――部②とはどのような関係性か。解答欄の形式に従って三十五字以内で答えなさい。

□□□□□□□□□□□□□□□□□□□□□□□□□□□□□□□□□□□関係性

問六 ――部③と対比的に述べられている社会はどのような社会か。十字以内で本文から抜き出して答えなさい。

□□□□□□□□□□

問七 ――部④を具体的に説明したものとして最も適当なものを次のア～エから一つ選び、記号で答えなさい。（　　）

ア 外からの人の出入りが少ない島国でのみコミュニケーションは洗練されるということ。

イ 人々の出入りが少ないと同質性が強まりコミュニケーションが洗練されるということ。

ウ 地方から人々が集まる社会ではお互いを理解しようとするためコミュニケーションが洗練されるということ。

エ 関東と関西とでは気候が異なるためコミュニケーションの洗練度合いも異なるということ。

問八 ――部⑤の具体例として異なるものを次のア～エから一つ選び、記号で答えなさい。（　　）

ア 京都では客に「そろそろ帰ってくれ」という代わりにお茶漬けをすすめたりすること。

イ 目の前にいる相手に向かって直接「あなた」と呼びかけずに人称を省くこと。

ウ 相手に手紙を書く際に「机下」という敬称を用いること。

エ　相手に何かを依頼された際に「イエスかノーか」をはっきり伝えること。

問九　――部⑥と同じ意味の言葉を本文から四字で抜き出して答えなさい。［　　　　］

問十　――部⑦と同じ種類の敬語を次のア～エから一つ選び、記号で答えなさい。（　　）

ア　参上する　　イ　承る　　ウ　拝見する　　エ　召し上がる

問十一　――部⑧とあるが、なぜそう言えるのか。理由を三十字以上三十五字以内で答えなさい。

［　　　　　　　　　　　　　　　　　　　　　　　　　　　　　　　　　　　］

11　次の文章を読んで後の問一～問十二に答えなさい。※設問の都合上、段落番号を付しています。　（京都両洋高）

一　家庭と学校という場所は、いのちのやりとりというこの大事なものを深く体験するためにあるはずだった。家庭や学校で体験されるべきとても大事なこと、それについてもう少し考えてみよう。

二　学校について友人と話したとき、彼がおもしろい問いをぶつけてきた。幼稚園じゃお歌とお遊戯ばかりだったのに、どうして学校に上がるとお歌とお遊戯が授業から外されるんだろうというのだ。

【中略】

三　幼稚園では、いっしょに歌い、いっしょにお遊戯をするだけでなく、いっしょにおやつやお弁当も食べる。他人の身体に起こっていることを生き生きと感じる練習だ。①そういう作業がなぜ学校ではaケイシされるのか、不思議なかんじがする。ここで他者への想像力は、幸福の感情と深くむすびついている。【ア】

四　生きる理由がどうしても見当たらなくなったときに、じぶんが生きるにあたいする者であることをじぶんに納得させるのは、思いの外むずかしい。そのとき、死への恐れは働いていても、生きるべきだという倫理《りんり》は働かない。生きるということが楽しいものであることの経験、そういう②人生への肯定が底にないと、死なないでいることをじぶんでは肯定できないものだ。お歌とお遊戯はその楽しさを体験するためにあったはずだ。永井均は最近のbチョサクのなかでこう書いている。「子供の教育において第一になすべきことは、道徳を教えることではなく、人生が楽しいということを、つまり自己の生が根源において肯定されるべきものであることを、体に覚え込ませてやることである」と（『これがニーチェだ』）。あるいは、幼児期に不幸な体験があったとして、③それに代わるものを、それに耐えられるだけの力を、学校はあたえうるのでなければその存在理由はない。だれかの子として認められなかった子どもに、その子を「だれか」として全的に肯定することで、存在理由をあたえうるのでなければ、④その存在の意味がない。【イ】

五　近代社会では、ひとは他人との関係の結び方を、まずは家庭と学校という二つの場所で学ぶ。養育・教育というのは、共同生活のルールを教えることではある。が、ほんとうに重要なのは、ルールそのものではなくて、（Ⅰ）ルールがなりたつためのc前提がなんであるかを理解させることであろう。社会において規則がなりたつのは、相手も同じ規則に従うだろうという相互の期待や信頼がなりたっているときだけである。【ウ】

六　幼稚園でのお歌とお遊戯、学校での給食。みなでいっしょに身体を使い、動かすことで、他人の身体に起こっていること、（Ⅱ）、直接に知覚できないことを生き生きと感じる練習を、わたしたちはくりかえしてきた。身体に想像力を備わせることで、他人を思いやる気持ちを、つまりは⑤共存の条件となるものを、育んできたのである。

七 さて家庭では、ひとは、〈信頼〉のさらにその基盤となるものを学ぶ。というより、からだで深く憶える。〈親密さ〉という感情である。

八 家庭という場所、そこでひとはいわば無条件で他人の世話をうける。言うことを聞いたからとか、おりこうさんにしたらとかいった理由や条件なしに、自分がただここにいるという、ただそういう理由だけで世話をしてもらった経験がたいていのひとにはある。こぼしたミルクを拭ってもらい、便で汚れた肛門をふいてもらい、あごや脇の下、指や脚のあいだをdタンネンに洗ってもらった経験……。そういう「Ⅳ」を、いかなる条件や留保もつけずにしてもらった経験が、将来自分がどれほど他人を憎むことになろうとも、最後のぎりぎりのところでひとへの〈信頼〉を失わないでいさせてくれる。そういう人生への肯定感情がなければ、ひとは苦しみが堆積するなかで、最終的に、死なないでいる理由をもちえないだろうと思われる。【エ】

九 あるいは、生きることのプライドを、追いつめられたぎりぎりのところでもてるかどうかは、自分が無条件に肯定された経験をもっているかどうか、わたしがわたしであるというだけでぜんぶ認められ世話されたことがあるかどうかにかかっていると言い換えてもいい。その経験があれば、母がじぶんを産んでしばらくして死んでも耐えられる。⑥こういう経験がないと、一生どこか欠乏感をもってしか生きられない。（Ⅲ）、じぶんが親や他人にとってe邪魔な存在ではないのかという疑いをいつも払拭できない。つまりじぶんを、存在する価値のあるものとして認めることが最後のところでできないのである。

十 逆にこういう経験があれば、他人もまたじぶんと同じ「一」として存在すべきものとして尊敬できる。かわいがられる経験。まさぐられ、あそばれ、いたわられる経験。人間の尊厳とは、最終的にそういう経験を幼いときにもてたかどうかにかかっているとは言えないだろうか。

（鷲田清一「悲鳴をあげる身体」より）

〈語注〉
遊戯…幼稚園などで行う集団的な遊びや踊り。
倫理《りんり》…人として守り行うべき道。
根源…物事の一番もとになっているもの。
ニーチェ…ドイツの哲学者。（一八四四〜一九〇〇）
観念…物事に対する考え。
堆積《たいせき》…積み重ねること。
欠乏…不足すること。
尊厳…尊くおごそかなこと。

問一 傍線部a〜eの漢字はひらがなに、カタカナは漢字に直しなさい。

a（　　）b（　　）c（　　）d（　　）e（　　）

問二 波線部「どうして学校に上がるとお歌とお遊戯が授業から外されるんだろう」を文節に分けた場合、何文節となるか。**漢数字**で答えなさい。（　　文節）

問三 文中の（Ⅰ）〜（Ⅲ）に当てはまる言葉として適当なものを次の(ア)〜(カ)よりそれぞれ一つ選び、記号で答えなさい。

Ⅰ（　　）Ⅱ（　　）Ⅲ（　　）

(ア) しかし　(イ) あるいは　(ウ) むしろ
(エ) つまり　(オ) たとえば　(カ) そして

問四 傍線部①「そういう作業」とはどのようなことか。本文中より二十五字で抜き出し、最初の五字を答えなさい。［　　　　　］

問五　傍線部②「人生への肯定」を筆者は具体的にどのようなものであると考えているか。適当なものを次の(ア)～(エ)より一つ選び、記号で答えなさい。（　　）

(ア)　じぶんの人生の生きる目標を、家庭や学校生活から見つけだすこと。

(イ)　生きることを楽しいと感じ、自己の人生が根源的に肯定されること。

(ウ)　学校の授業でお歌やお遊戯がなくなったとしても、納得をすること。

(エ)　死への恐れが働いたときも、じぶんの生きる理由を見つけだすこと。

問六　傍線部③「それ」が指しているものを本文中より五字で抜き出しなさい。□□□□□

問七　傍線部④「その」が指しているものを本文中より漢字二字で抜き出しなさい。□□

問八　次の一文を入れるのに適当な箇所を本文中の【ア】～【エ】より一つ選び、記号で答えなさい。（　　）

《他人へのそういう根源的な〈信頼〉がどこかで成立していないと、社会は観念だけの不安定なものになる。》

問九　傍線部⑤「共存の条件となるもの」とは何か。適当なものを次の(ア)～(エ)より一つ選び、記号で答えなさい。（　　）

(ア)　幼児期に自身の身に起こった不幸な体験を他者に伝えることで、自分を肯定すること。

(イ)　家庭にて他人からの世話をうけるときに、必ず理由や条件といったものをつけること。

(ウ)　家庭や学校での生活を通じて、他人との関係の結び方や共同生活のルールを学ぶこと。

(エ)　お互いが期待や信頼を持って一緒に過ごすことで、他人を思いやる気持ちを育むこと。

問十　空欄 Ⅳ に入る語句として適当なものを次の(ア)～(エ)より一つ選び、記号で答えなさい。（　　）

(ア)　存在の否定　(イ)　存在の世話

(ウ)　存在の理解　(エ)　存在の価値

問十一　傍線部⑥「こういう経験」とはどのような経験か。九段落中より、十五字以内で抜き出しなさい。□□□□□□□□□□□□□□□

問十二　本文の内容と合致する説明として適当なものを次の(ア)～(エ)より一つ選び、記号で答えなさい。（　　）

(ア)　幼稚園でのお歌やお遊戯の意義は、幼いころから社会における共同生活のルールを覚えさせることにある。

(イ)　自分が生きるに値するかを認識するには、死ぬことへの恐怖を取り除くことから始めることが大切である。

(ウ)　学校生活の役割とは、他者から世話をされることを経験することで信頼というものを学ばせるためにある。

(エ)　家庭生活の役割とは、信頼の基盤である親密さを感じさせ、生きることへのプライドを与えることである。

12　次の文章を読んで後の問いに答えなさい。　（帝塚山学院泉ヶ丘高）

ある昼下がりのこと、私が乗った電車はそこそこ混んでいて、立っている人もかなりいました。駅に到着するたびに人の出入りがあったのですが、ある駅で、(注1)白杖《はくじょう》を持った男性が一人で乗ってきました。車内の混み具合を感じたのか、つり革にも手すりにもつかまらずに、①彼はドア付近に立つことに決めたようでした。

　電車が動きはじめ、しばらく順調に走っていましたが、次の駅に着く手前で突然ブレーキがかかったのです。急ブレーキというほどではありませんでしたが、多くの人が、つり革につかまっていた人でさえ、バランスを失ってよろめきました。ところがその白杖を持った男性は、足を肩幅に開いたまま、表情一つ変えずに同じ場所に立っていたのです。

　この話を[注2]難波《なんば》さんにしたところ、彼の解釈はこうでした。「用意しているんじゃないですかね。つかまるところが分からなかったり、手をのばしてさぐるのがためらわれるので、ふんばって、バランスの練習だと思って立っている。そうすると、②電車が出発するときの煽《あお》られ感とか、揺れが感じられて、けっこう面白いんですよね。どういうタイミングでガタッと揺られるか予想したり、それに応じてぱっと重心を変えたりしているので、たぶん倒れずにいられるんだと思います」

　日ごろからサーチ能力と平衡感覚を発揮している見えない人は、見える人に比べて、靴底から伝わる電車の揺れや振動を敏感に感じているのでしょう。それが、電車の走行を理解する重要なヒントになるからです。線路のつなぎ目、ポイント[注3]の切り替え部、下りになれば時速はあがり、駅が近づけばゆっくりになる。揺れから、電車がどのあたりを走っているか推測することもできます。【A】

　視覚情報がない状況では、靴底から伝わる振動は電車の走行を教えてくれる主要な情報源であり、それに応じて自分の体のあり方を決めることになります。[1]音も重要な情報源ですが、振動のほうがより体に直結していることは言うまでもないでしょう。サーカスの玉乗りのように、電車の揺れに合わせて自分の体の重心の位置を変えたり、体勢を調整したり、やっている仕事の大枠は道や階段を歩くときと同じですが、対象の動きと自分の動きがじかに連動しているところが決定的な違いです。【B】

　もちろん、見える人だって揺れや振動を感じていますし、無意識に重心や体勢の微調整を行っています。[2]、同時に目からの情報も入ってきています。視覚情報がないぶん、見えない人の場合は、自分の体の状態と電車の揺れが、よりダイレクト[注4]に結びつくのです。電車との一体感が強い、と言えばいいでしょうか。

　さらに難波さんが言うように、③見えない人の場合は、これから起こるかもしれないことをより慎重に予想しています。[3]、準備をしているのです。揺れや煽りがくる気配を感じながら、突然のオフバランス[注5]にも対応できるように構えている。【C】

　見えない人ならではの「構え」。用心深いとも言えますが、何が起こっても対応できる「あそび」の部分、余裕を残しているということでしょう。それにしても、電車の中で密《ひそ》かに起こるかもしれないことに構えているとは、何やら座頭市[注6]の修行のようです。【D】

（中略）

　こうして見ていくと、④「乗る」という行為の面白さに気づかされます。電車に乗るにせよ、波に乗るにせよ、タンデム[注7]の自転車に乗るにせよ、「乗る」という行為はどれも対話的です。

　周りからの影響を排して理想的な動きを行う陸上競技のようなスポーツとは違って、「乗る」においては、電車や波や仲間といった相手の動きを基準にして、自分の動きを決めていかなければならない。まさに触覚的に「感じること」と、重心を動かして「運動すること」が表裏一体になった行為です。そこでは、一瞬一瞬変化する状況をとらえ、足元の揺れといった偶発事さえも次の動きにとりこんでいく柔軟性が求められます。

揺れのような偶発事を、私たちはネガティブなことととらえがちですが、うまく「乗っている人」は、これを殺すのではなく生かしていくわけです。「乗る」は「ノる」に通じています。つまり、「音楽にノる」「リズムにノる」などという場合の、調子良く、気持ち良く、身を任せている状態です。

アメリカのダンサー、トリシャ・ブラウンは、「ノる」をこう定義しています。それは「動きの副産物に自然な進路をとらせること」であると。つまり思い通りにならない、偶然生まれてしまった動きを、「ノイズ[注8]」として消すのではなく、むしろキャッチして次の動きのきっかけとすること。興味深いことに、ブラウンは、「ノる」の可能性を追求するために、視覚をなるべく排除したドローイング[注9]を行っていました。

電車の揺れという偶発事に一人対応できていたあの目の見えない男性は、電車に「乗る」と同時に「ノる」ことができていたのでしょう。難波さんも、電車の振動や揺れを楽しんでいる、と言っていました。もちろん、見えない人が常にハイテンション[注10]という意味ではありません。［４］、常に注意力を要する生活にかかる労力は相当なものでしょう。

しかし、だからこそ、見えない人は状況を対話的にやりくりする術に長《た》けているのかもしれません。意志をかたくなに通そうとするのではなく、自分ではないものをうまく「乗りこなす」こと。そうしたスキルが、見えない人の運動神経には組み込まれているのかもしれません。

（伊藤亜紗《いとうあさ》「目の見えない人は世界をどう見ているのか」より）

注1　白杖……視覚障害者が歩行の際に足もとを確かめるために用いる白い杖。

注2　難波さん……難波創太《なんばそうた》。バイク事故で失明後も、アート制作や合気道など幅広い分野で活躍している人物。

注3　ポイント……線路の分かれ目で車両の進む方向を決める装置。

注4　ダイレクト……直接的。

注5　オフバランス……バランスの崩れ。

注6　座頭市……１９６０年代から８０年代にかけて映画やテレビでシリーズ化された時代劇の主人公。盲目で驚異的な剣術の腕を誇る。「座頭」は江戸時代の盲人の地位の一つ。

注7　タンデム……二人乗り用の自転車。後席にもペダルがある。視覚障害者の自転車競技の種目でもある。

注8　ノイズ……余計な雑音。

注9　ドローイング……線で簡単な図を描くこと。

注10　ハイテンション……感情が高ぶった状態。あるいは緊張感の強い状態。

(一)　――①「彼はドア付近に立つことに決めたようでした」とあるが、それはなぜだと考えられるか。その説明として最も適当なものを次から選び、記号で答えなさい。（　　）

ア　足を肩幅に開くことで揺れに十分対応できるので、わざわざ手すりやつり革を探すまでもないと思っていたから。

イ　混みあう車内で手すりなどを探して手を伸ばすのをためらったのと、揺れても倒れない心構えをしていたから。

ウ　人の出入りがあったので、少し我慢をすればそのうち手すりやつり革を探しやすくなるだろうと思っていたから。

エ　急ブレーキや急発進を想定してバランスをとる練習をしていたので、よろめかずにいられる自信があったから。

(二)　――②「電車が出発するときの煽られ感とか、揺れが感じられて、けっこう面白い」とあるが、その「面白」さについての記述として最

も適当なものを次から選び、記号で答えなさい。（　　）

ア　電車の揺れに素早く反応していくことには、対象と一体化し平衡感覚を働かすサーカスの玉乗りと似た面白さがある。

イ　オフバランスが生じる電車にうまく乗ることには、まわりからの影響が全くない陸上競技とはまた違う面白さがある。

ウ　不規則に揺れる電車に乗ってよろめかないことには、自分のリズムを維持して音楽に「ノる」のと同じ面白さがある。

エ　レールの刻むリズムに身を任せることには、リズミカルな動きとは無縁に道や階段を歩くこととは違う面白さがある。

（三）　本文には次の一文が抜けている。【A】～【D】のどこに入れるとよいか。最も適当な場所を選び、記号で答えなさい。（　　）

まさに、感覚器官であり運動器官でもある足の面目躍如《やくじょ》です。

（四）　[1]～[4]に入ることばとして最も適当なものを次から選び、それぞれ記号で答えなさい。ただし同じ記号は二度使わないこと。

1（　　）2（　　）3（　　）4（　　）

ア　むしろ　　イ　つまり　　ウ　だから

エ　もちろん　　オ　しかし

（五）　――③「見えない人の場合は、これから起こるかもしれないことをより慎重に予想しています」とあるが、その慎重さはどのようなことを可能にするか。「偶発事」ということばを必ず用いて三十字以内で説明しなさい。

（六）　――④「『乗る』という行為の面白さ」とあるが、筆者はその「乗る」という行為についてどのように考えているか。その説明として最も適当なものを次から選び、記号で答えなさい。（　　）

ア　「乗る」という行為は、よろめいたりしないために無意識に重心や体勢を微調整して行う行為であり、その意味で知らないうちに話題が変わっていく対話と似ている。

イ　「乗る」という行為は、あくまでも乗り物の動きに合わせることで成立する行為であり、その意味で機嫌を損ねないように相手に合わせる対話と似ている。

ウ　「乗る」という行為は、乗り物の種類に応じて自分の動きを変える必要のある行為であり、その意味で相手によって対応を変えていく対話と似ている。

エ　「乗る」という行為は、変化する対象の動きに応じて自分の動きを決めていく行為であり、その意味で相手のことばを受けて反応していく対話と似ている。

（七）　本文の内容と合うものを次から一つ選び、記号で答えなさい。（　　）

ア　目が見えない人がサーチ能力を用いて乗り物の揺れや振動を敏感に感じとることが、それぞれの乗り物の走行の特徴を知る重要な手がかりである。

イ　視覚情報がない状態では道や階段を歩く時とは異なり、音はまったく役に立たないので、靴底から伝わる振動が電車の走行の主な情報源となる。

ウ　目の見えない人が靴底を通して揺れを敏感に感じとることと、その揺れに適切に対応してすばやく動くこととは、密接に関係している。

エ　かたくなに意志を通すことは時に好ましくないと思われてしまうが、目の見えない人は相手の様子に巧みに反応することで上手に実現してしまう。

13 次の文章を読んで、後の〔問一〕～〔問十〕に答えよ。ただし、字数制限のある問題は、句読点や括弧《かっこ》なども全て一字に数える。

（近大附和歌山高）

「今日も雨だ、天気が悪い」という一文を読んで、これは論理的な文章であり、後段はⓐドウギ語の反復だと解釈する人は、国語が分かっているとは言えない。前段は確かに叙事的な表現だが、後段の真意は「（ X ）」「気が滅入る」という叙情的な感想だと読むのが、常識だろう。

文部科学省は、生徒の論理的な国語力の向上を目指す傍《かたわ》ら、主体的な表現能力の育成をⓑハカルとして、二〇二二年度から高校国語の新しい学習指導要領を実施する。その目玉がⓒセンタク科目「論理国語」の新設で、従来の名文読解の指導、教師が読み方を教え込む教育から、生徒に考えさせる教育へのⓓテンカンだと言われる。これには文学関係者の危惧が強く、特に近代文学の名作のⓔケイシにつながるという批判が、文学を研究する十六の学会から出された。

［ Ⅰ ］、冷静に考えると、新政策の真の問題点は、その結果、夏目漱石や森鷗外が忘れられるということにあるのではない。文豪は知らなくても、正確に企業の報告書が書け、新聞記事が読める人材が増えれば、公教育のⓕサイテイ基準は満たされたと言えるからである。むしろ大問題は、文科省そのものが言葉の本質を正確に捉え、現場の教員に迷いない言語観と教育法を伝えているかどうかにある。

危うさは、すでに「論理国語」という用語法自体に表れている。百歩譲ってそれを叙事的な言葉と理解しても、それと反対語の叙情的な言葉との関係は、冒頭に述べたように複雑微妙である。一方、大衆的な流行語は「カワイイ」とか「ヤバイ」とか、情緒的な述懐の氾濫を見せている折から、「論理国語」がその撲滅を意図しているなら理解できるが、そういう気配も感じられない。

何よりも①文科省の言語観の浅薄が感じられるのは、生徒の表現能力を過信し、自由な発表活動を教育の中心に据えようとしていることである。人間は自由に感じたり、考えたりしたことを話すのではなく、まず言葉を与えられ、それによって物事を感じ、考える存在であることが、ここではまったく忘れられている。さらには、表現という営みが極度に安易に捉えられ、言葉を知らない乳幼児でもできる、むずかりや甘えと同程度にしか理解されていないと言うべきだろう。

乳幼児のむずかりや甘えは一対一の相手に向かい、肉体能力の届く範囲において直接的に発せられる。その際、コミュニケーションの責任はもっぱら相手にあって、乳幼児が誤解の責任を取ることはない。実は言語活動はあらゆる点でこれと②正反対の構造を持ち、人に正反対の努力を求めるものなのである。

言葉は、本質的に一対一の伝達ではなく、当の相手のほかに第三の傍聴者を予定している。直接に声の届く範囲を超えて、誰が立ち聴いても分かることを理念的な目標としている。かねて私はこれを「対話」に対する「A鼎話《ていわ》」活動と呼んできたが、言いかえれば言葉はただの発信ではなく、話者と複数の相手との共同体を作る営みなのである。

だからこそ、世間では相手の見えない書き言葉が重視され、書き言葉は無限定な相手に向けて、あたかも独り言のように書かれる。もし誤解が生じれば責任の大半は発信者が取ることになる。また、共同体の維持を目的とすればこそ、全体に通じる「正しい言葉」を使うという観念も生まれ、各個人もその言葉に従って、感じたり考えたりし始めるのである。

これだけの原則を前提とした上で、しかも文部科学省の真意もB忖《そん》度《たく》しながら、今、どのような国語教育改革が提案できるだろうか。近来の動向から察するところ、文科省の本意は、実社会の役に立つ国語教育を目指す、という点にあるとみられる。文豪の高尚な叙情や哲学ではなく、簡明で実用的な文章を教えたいということではないだろうか。それなりに肯《うなず》けない話でもないので、だとすれば私も言葉を業とする身の責任感から、ここで③二つの実現可能な方策を提案してみようと考えた。

　第一は、昔、福沢諭吉が慶応義塾の生徒に教えたこと、文章でものごとを描写させる訓練である。福沢はどこにでもある人力車を取り上げ、それを見たことのない人に分かるように文章で描けと命じた。そこには情緒も哲学も入る余地はなく、ひたすら（　Y　）で、しかし多様な語彙《ごい》の柔軟なⓖクシが求められる。

　私はこれを現代の高校に導入するのは効果的であって、極めて容易であると考える。［Ⅱ］教室を二つに分けて、一方に風景や事物を言葉で描かせ、他方にそれを読ませて絵に再現させる。その上で両者に結果を比べさせて、ⓗイドウを討論させるのである。

　もう一つⓘススメたいのは、長い文章を要約する練習である。対象の描写が言葉による観察の力を高めるとすれば、長文要約は人の考える力が言葉を通じてどのように働くかを教える。ただの思いつきを言い捨てるのとは違って、共同体の共感と同意を得るために、人はどんな順序で考えを進めなければならないかについて教える。結論の出し方によって逆に導入部の入り方が決まり、中間部の山の高さは全文の終わり方によって変わる、といった文章の妙味を、生徒はこの勉強から学ぶだろう。

　この場合も教室で必要なのは、課題文に対する性急な批判や評価ではなく、もっぱら正確な読解と要約だけである。もちろん教材はⓙシンチョウに選ばねばならないが、目標はあくまでも国語力の向上にあって、生徒の自己顕示欲の刺激にはないことを忘れてはならない。その上で、ここでも生徒同士の相互比較、要約の示し合いと討論を奨励すれば、教師の負担増なしに教育効果は上がるだろう。

　二つの教授方法を提案したが、どちらにとっても不可欠なのは本を読むことである。国語は「読む、書く、話す」の三要素から成ると言われるが、最も重要なのは比較の余地なく読むことである。理由は、乳児のむずかりから（　Z　）のが読むことだからと言っておこう。発信は言葉がなくてもかろうじて可能だが、読み解いて理解することは言葉のC独《どく》擅場《せんじょう》である。

（山崎正和の記事〈「読売新聞」二〇二〇年四月二十日付朝刊〉より）

〔問一〕　文中の＝線部ⓐ「ドウギ」、ⓑ「ハカル」、ⓒ「センタク」、ⓓ「テンカン」、ⓔ「ケイシ」、ⓕ「サイテイ」、ⓖ「クシ」、ⓗ「イドウ」、ⓘ「ススメ」、ⓙ「シンチョウ」を漢字に直して答えよ。なお、送り仮名が必要なものは、ひらがなで送り仮名も付けよ。

ⓐ（　　）　ⓑ（　　）　ⓒ（　　）　ⓓ（　　）　ⓔ（　　）

ⓕ（　　）　ⓖ（　　）　ⓗ（　　）　ⓘ（　　）　ⓙ（　　）

〔問二〕　文中の＝線部A「鼎話」、B「忖度」、C「独擅場」について、文脈上どのような意味と考えられるか。最も適当なものを、それぞれ次のア～エのうちから一つずつ選べ。

A「鼎話」（　　）

ア　第三者を含んだ話　　イ　当事者同士の話

ウ　ひとりごと　　エ　全体の討議

B「忖度」（　　）

ア　批判すること　　イ　推し量ること

ウ　参考にすること　　エ　疑問をもつこと

C「独擅場」（　　）

ア　弱点であること　　イ　受け入れがたいところ
ウ　ひとりよがりであること　　エ　他ではまねできないところ

〔問三〕　文中の空欄（Ｘ）～（Ｚ）に入る最も適当なものを、それぞれ次のア～エのうちから一つずつ選べ。
Ｘ（　　）Ｙ（　　）Ｚ（　　）
Ｘ　ア　湿度も高い　　イ　低気圧のせいだ
ウ　昨日から止まない　　エ　だからうっとうしい
Ｙ　ア　文学的　　イ　美術的　　ウ　即物的　　エ　本質的
Ｚ　ア　最も遠い　　イ　最も近い
ウ　さほど近くない　　エ　さほど遠くない

〔問四〕　文中の空欄 Ⅰ ・ Ⅱ に入る語として最も適当なものを、それぞれ次のア～エのうちから一つずつ選べ。
Ⅰ（　　）Ⅱ（　　）
Ⅰ　ア　したがって　　イ　ところで　　ウ　そして　　エ　だが
Ⅱ　ア　たとえば　　イ　かりに　　ウ　つまり　　エ　一方で

〔問五〕　本文は次の一段落が抜けている。どこに挿入するのが最も適当か。挿入する直前の十字を抜き出して答えよ。［　　　　　　　　　　］
教師の仕事は、語彙不足の生徒に助言をすることと、最後の討論の司会をすることのほかに多くはない。一方の生徒の言葉が他方にどれだけ通じたかをはかるとともに、作文力と読解力を同じ場所で同時に比較することによって、成績判定もこれまで以上に客観性を帯びるだろう。

〔問六〕　本文によれば、文部科学省の政策の主張・目的は何か。次の１～５のそれぞれについて、正しいものはア、誤っているものはイと答えよ。

１　近代文学の傑作を通して、言語表現を高めていこうとしている。（　　）
２　実社会で役に立つ、簡明で実用的な文章を教えたいと考えている。（　　）
３　生徒が主体的に、自分から発信する能力を育てていこうとしている。（　　）
４　文学の読解法を指導するよりも、生徒に考えさせる教育を目指している。（　　）
５　現代社会にはびこる、情緒的で大衆的な流行語を排除しようとしている。（　　）

〔問七〕　文中の――線部①「文科省の言語観の浅薄が感じられる」とあるが、筆者はどういう点を「浅薄」だと批判しているのか。その説明として最も適当なものを、次のア～オのうちから二つ選べ。
（　　）（　　）
ア　叙事的表現と叙情的表現との関係は複雑微妙であるにもかかわらず、論理とは叙事的な表現に他ならないと理解している点。
イ　近代文学の文豪の名文を読解することよりも、正確に企業の報告書を書いたり、新聞記事を読める方が重要だと考えている点。
ウ　人は習得した言葉を通じてのみ思考するものであるのに、それを無視して自由な思考を表現することへ向かわせようとしている点。
エ　国語教育における「読む、書く、話す」という三要素のうち、最も重要なのは読むことだという原則を分かっていない点。
オ　言語表現は、対話相手への一方的なものでなく、対話の当事者以外にも伝わる言葉でなければならないことが前提とされていない点。

〔問八〕 文中の――線部②「正反対の構造」とはどのようなことか。その説明として最も適当なものを、次のア～エのうちから一つ選べ。
（　　）

ア 乳幼児は言葉を用いない表現に終始するしかないために責任を回避されるが、言語活動の場合、発信される言語自体にあらかじめ責任が備わっているということ。

イ 乳幼児が一対一対応でコミュニケーションをとろうとするのと違って、言語活動は発信者の責任のうちに不特定の他者との共同体を構築する営みだということ。

ウ 乳幼児のむずかりや甘えは相手に直接的に発せられ、乳幼児自身は誤解の責任から免れるのに対し、言語活動は第三の傍聴者が責任を負うということ。

エ 乳幼児が肉体能力の届く範囲での共同体の成立を目指すのと異なり、言語活動では世間という一層広い共同体の維持が目的となっているということ。

〔問九〕 文中の――線部③「二つの実現可能な方策」とは何か。本文中の語句を用いて二点、箇条書きで答えよ。
（　　）（　　）

〔問十〕 本文に登場する「夏目漱石」、「森鷗外」、「福沢諭吉」の説明として最も適当なものを、それぞれ次のア～オのうちから一つずつ選べ。
夏目漱石（　　）　森鷗外（　　）　福沢諭吉（　　）

ア 『吾輩は猫である』などの作品によって、余裕派と称された。その後、人間精神の自我の葛藤を描き、『こころ』『明暗』などの傑作を創作した。

イ 『雨ニモ負ケズ』が有名だが、一層有名なのは『注文の多い料理店』などの童話である。自然と生活に根ざした豊かな空想力を持った、孤高の人であった。

ウ 幕末から明治にかけて近代西洋の思想・学問の普及に努めた。人間精神の独立を主張し、『学問ノススメ』『西洋事情』などを通して、広く大衆に訴えた。

エ 清新な感性と表現を開拓し、新感覚派と呼ばれた。『雪国』『古都』などが日本人の心を伝えるものとして、日本人初のノーベル文学賞が授与された。

オ 処女作『舞姫』などを通して、浪漫《ろうまん》主義のさきがけとして知られる。また晩年には『阿部一族』『高瀬舟』などの歴史小説を開拓し、生の倫理を探求した。

四　文学的文章

(1) 小　説

1 次の文章を読んで、あとの問いに答えなさい。（問題作成の都合上、本文を一部改変しました。）　（滋賀短期大学附高）

「リハーサル、聴いたわよ」

千尋《ちひろ》先生はそう言って、1右手で髪をかきまわした。そんなに不出来だったのだろうか。

［Ⅰ］

「あのね、直前にこんなことを言ってごめんね。でも開《かい》君、集中できてなかったでしょ。全然ダメだった」

先生は生徒である開の音だけを耳で選び、じっと聴いてくれていたのだろう。

「理由は……お父さんたちのコンサートのこと？」

「はい」

［Ⅱ］離婚のことまでは、［A］打ち明けられなかった。

「今だけは忘れて、この演奏に集中しなさい。お父さんたちの方を心配するくらいなら、このステージには出ない方がいい」

千尋先生の瞳は厳しい色をしていた。

2わかってる。わかってるんだけど……。

「開君、音楽には魂を込めなくちゃダメ。魂を込めたステージでないと本当にいい音を響かせることはできないし、人の心にも響かないよ」

［Ⅲ］

魂。ぼくの魂は今どこにあるんだろう？

「わかってるんです。父さん母さんにも、重松《しげまつ》シンフォニーに集中しろって言われたし……」

「ご両親に言われたから？　だからがんばるの？　開君はもう子どもじゃないでしょ。誰かに言われたからっていう理由でステージに立っていては、プライドのこもった、いい音なんて一生出せません」

開は3しばらく千尋先生の顔を見つめたあと、遠くに視線を移した。

先生の言葉が頭の中で繰り返される。

魂を込めたステージでないと――

誰かに言われたからっていう理由でステージに立っていては――

「そうですね、先生。ありがとうございます」

開は自分の意思で決断した。

［Ⅳ］

楽屋に飛び込んで、バイオリンをケースに入れる。京都《きょうと》君が驚いた顔をしていた。

「どうしたん？」

「ごめん。やっぱりぼく、ここでは演奏できない」

4京都君は笑った。

「なにアホなこと言うてんねん。そんなことしたら重松先生にしばかれるぞ。ザルツブルクにも行かれへんようになるし」

「うん。でも決めたんだ」

開の真剣な顔を見て、京都君も真顔になった。

「そうか。ま、俺らとは今日やなくても、これからなんぼでも一緒に演奏できるやろうしな」

「ありがとう」

開はいつか一緒に演奏することを心に誓って、京都君が黙って差し出した手を強く握った。

バイオリンのケースを手に5息を切らせてロビーに出ると、千尋先生がまだソファに座っていた。

「今から向かえば後半には間に合うと思います。ありがとうございました」

開はもう一度、千尋先生に頭を下げ、バイオリンケースを背負って駆け出した。

だが、外につながる廊下にはキタハラが立っていた。

「開君、どこへ行く?」

6開はキタハラの目を見ることができなかった。

「すみません。ぼく、家族コンサートの方に行きます」

キタハラの眼鏡の奥にある目が、大きく見開かれた。

「大舞台だぞ。偉い方々もたくさん観にいらしている。重松先生の顔もある。どうなるかわかって言ってるのか」

「ひどいことをしてるって、自分でもわかってます。[B]決めたんです。このままここで演奏しても、いい演奏はできませんから……」

開は顔を上げ、7キタハラの目を強い眼差しで見た。

「ぼくが今、一番いい音を出せるのは家族でのステージなんです! そこにぼくの音楽があるんです!」

開はキタハラの両手を振り切って、外に飛び出した。

（鬼塚　忠「カルテット!」より）

問1　空欄I~IVを補うのにふさわしい文を次の中からそれぞれ一つ選び、記号で答えなさい。

I（　　）II（　　）III（　　）IV（　　）

ア　千尋先生を見るその顔は、大人の男のものだった。

イ　開の隣に先生が腰を下ろした。

ウ　開は小さく頷《うなず》いた。

エ　先生は強く言った。

問2　——線部1の千尋先生の心情として、ふさわしいものはどれか、次の中から最も適当なものを選び、記号で答えなさい。（　　）

ア　開に演奏が良くなかったことをどう切り出そうかと考えている。

イ　髪の毛のことが気になって演奏される音楽に集中できないでいる。

ウ　開の音の出し方はオーケストラをかき回すようなものだと思っている。

エ　不出来な演奏を反省している様子が見られないのが気になっている。

問3　空欄Aに入る適当な語を次の中から一つ選び、記号で答えなさい。（　　）

ア　まるで　イ　とても　ウ　だんだん　エ　ようやく

問4　——線部2について、「……」に込められた気持ちを、本文中の語を用いて十字以内で答えなさい。

問5　——線部3「しばらく」の品詞名を答えなさい。（　　詞）

問6　——線部4「京都君は笑った」のはなぜですか。その理由として最も適当なものを次の中から選び、記号で答えなさい。（　　）

ア　開が海外（ザルツブルク）での演奏を断念したから。

イ　京都君が開の言動を見て本気とは思えなかったから。

ウ　開が重松先生の顔に泥を塗ろうとしたから。

エ　京都君が開のひそかな企みに気がついたから。

問7　――線部5「息を切らせて」から読み取れる開の気持ちを、解答欄に合うように十五字以内で抜き出しなさい。

□□□□□□□□□□□□□□□という気持ち。

問8　――線部6「開はキタハラの目を見ることができなかった」のはなぜですか。その理由として最も適当なものを次の中から選び、記号で答えなさい。（　　）

ア　キタハラから強く迫られて、恐怖心のあまり顔を上げられなかったから。

イ　大舞台で演奏するほどの力量が自分にはないとわかっていたから。

ウ　重松シンフォニーに関わる人たちに迷惑をかけてしまうから。

エ　自分が悪ふざけをしていたのをキタハラに知られてしまったから。

問9　空欄Bに入る適当な語を次の中から一つ選び、記号で答えなさい。

ア　でも　　イ　だから　　ウ　また　　エ　なぜ　　（　　）

問10　――線部7「キタハラの目を強い眼差しで見た」開の心情として、ふさわしいものはどれか、次の中から最も適当なものを選び、記号で答えなさい。（　　）

ア　今の自分なら大舞台でいい演奏ができる自信がわいてきている。

イ　本当の敵はキタハラだったのだとわかり、対決しようとしている。

ウ　キタハラに対する不平不満を、ここで一気に吐き出そうとしている。

エ　迷いが吹っ切れて、自分の進むべき道を行こうとしている。

2　次の文章を読んで、後の問いに答えなさい。　（育英高）

本文までのあらすじ

私はクリーニングに出す服や、処分する服の整理をしている。ポケットに何か入っていないか確認していると、コートから未使用の映画のチケットが出てきた。日付は二〇一七年一月十五日、丸の内の映画館名が記されていた。

あのときこのコートを着ていたのだなあと思うのと同時に、なぜコートにこのチケットが入れっぱなしになっているのだろうと不思議に思う。今年も着たし、去年も着たのに。それに、このコートはすくなくとも二〇一七年一月からクリーニングに出していないことになる。

とりあえずチケットをサイドテーブルに置いて、ポケット確認を続ける。取れたボタン、銀色のクリップなどが出てくるが、映画のチケットのような大ものはもう出てこない。

処分する服のポケットは確認する必要もないのだが、なんだか興味を覚えて、ポケットのあるものは一枚一枚手を入れる。あいかわらず買いもののメモ。レシピ。借りたいDVDのリスト。それからレシート。レシートの印字も見てしまう。サッポロ黒ラベル、バナジウム天然水、ガルボ、アイスの実。商品名だけ見て、これは二〇一七年一月十五日以降のものだとわかる。日付を確認すると、やはり二〇一九年十月八日。ポケットのなかにちいさな謎があり、①謎を解く鍵があることに感心する。だれからも興味を持たれない謎だとしても。

十二時になったのを確認して、マスクをして外に出る。三月の終わりごろまでは、買いもの客でにぎわっていた商店街だが、四月の八日過ぎから②人出は減った。シャッターを下ろしている店も多い。店頭に弁当を並べた居酒屋で、生姜《しょうが》焼き弁当を買って部屋に戻る。正体のわからない新型ウイルスがニュースで取り上げられるようになったのは、あるいは私が③それに留意したのは二月になってからで、そのときはまだ遠いどこかの話だったのだけれど、あっというまに私たちの身近なところにまでやってきて、四月はじめに東京を含むいくつかの都道府県で緊急事態宣言が出された。私の勤め先である学習塾は、④それよりもっと前、全国の学校に休校要請が出された直後から休業している。経営陣と講師たちは大急ぎで対策をアネって、四月からオンライン授業をはじめたものの、なかなかスムーズに移行できず、対策をネりながら方向性をさぐり、今は希望する生徒に向けてオンライン個人授業をしている。私は講師ではなく事務方なので、オンライン切り替えのときは、その準備や教材集めのためにいつもどおり勤務を続けた。四月の入塾希望者の大方は四月八日以降に申し込みをキャンセルし、そのときも、その手続きや返金のことで忙しくなった。けれどキャンセルが落ち着き、オンライン個人授業がはじまると、事務スタッフは自宅待機となった。必要があれば塾にいって作業をすることもある。けれどもそれも一週間に一度あるかないか。お給料もとうぶんのあいだ減額される。

　それでも私は以前と同じく六時半に起きて朝食を食べ、十二時になると昼食を食べる。以前は弁当持参だったけれど、⑤最近は商店街の弁当を買っている。弁当ひとつではなんの役にも立たないかもしれないけど、休業したり営業時間を短縮したりしなければならない店の力に、少しでもなりたいのである。

　弁当を食べていると田村さんからライン※がくる。田村さんは私より年下だけれど、私より長く塾に勤めている女性で、小学生の子どもがひとりいる。ときどきお昼にこうしてラインのやりとりをする。今までイキュウケイ室でおしゃべりをしていたみたいに［A］。

「お昼キュウケイだよね」

「田村さん、次はいつ出勤？」

「来週。月謝の減額の手続きとか、あと教材作りもある。水曜日は有田さんもくるよね」

「うん、いきます」

本来ならば今の時期は、この春の大学・高校受験に合格した生徒たちの名前が、進学先とともに書かれてウハられ、おめでとうの看板が掲げられて、あたらしく通いはじめる生徒たちも増え、塾内はにぎやかなエフンイキである。思い出すと、なんだかずいぶん昔のことみたいに感じられる。

「何してた？　今日」

「さっきは片づけ。ポケットから映画のチケットが出てきた。昔の」

「あるある。メモもよくある。あと意味わかんないメモが出てきたりする」

B「でも買いものメモとかだと、なんか思い出せたりするよね。ヒントがあるっていうか」

「そういえば、謎のメモが出てきて、未だに考えてるんだけど、まだ謎」

「いつのメモ？　なんて書かれてたの」

C「タカタのお掃除おばさん、三段」

「何それ」

「だから謎なんだって。この三年、ずーっと考えてもわからない」

「⑥もし思い出したら教えて」

「わかった。すぐ言う。あっ弥奈《やな》がコップ倒した、ごめんまたね。あ、水曜日に！」

文字とスタンプだけしかやりとりしていないのに、急に部屋がしんと静まりかえった気がする。この先、塾も自分たちもどうなるかわからない。不安だけれど田村さんもほかの社員もそれについてあまり言い合わない。補助申請などの情報をやりとりするくらいである。

（角田光代「ポケットのなか」より）

※　ライン…無料で通話や文字による会話ができるSNSアプリ

問一　══線部ア～エのカタカナを漢字に直しなさい。

ア（　　）イ（　　）ウ（　　）エ（　　）

問二　～～線部「オンライン」の対義語を答えなさい。（　　）

問三　──線部①「謎を解く鍵」とはどういうことか。最も適切なものを次から選び、記号で答えなさい。また、「鍵」と同じ内容で使われている言葉を、本文中から一語抜き出して答えなさい。

（　　）一語（　　）

ア　いろいろな買いもののメモが出てくることで、昔に借りたDVDが何であったかがわかる。

イ　処分する服のポケットについては、確認する必要もないのに調べてしまう理由がわかる。

ウ　昔着ていたコートのポケットに、なぜ映画のチケットが入れっぱなしになっているのかがわかる。

エ　昔着ていた服のポケットから出てくる品物やレシートによって、いつどこで何をしていたかがわかる。

オ　未だにわからない「タカタのお掃除おばさん、三段」というメモが何だったかわかる。

問四　──線部②「人出は減った」のはなぜか。最も適切なものを次から選び、記号で答えなさい。（　　）

ア　新型のウイルスがニュースで取り上げられるようになったから。

イ　マスクをして外に出なくてはならなくなったから。

ウ　町に出てもシャッターを下ろしている店が多いから。

エ　全国の学校に休校要請が出されたから。

オ　いくつかの都道府県で緊急事態宣言が出されたから。

問五　──線部③「それ」の指す言葉を本文中から抜き出して答えなさい。（　　）

問六　──線部④「それ」の指す言葉を本文中から抜き出して答えなさい。（　　）

問七　──線部⑤「最近は商店街の弁当を買っている」のはなぜか。解答欄の「から」に続くように、本文中から四十字以内で抜き出し、始めと終わりの五字を答えなさい。□□□□□～□□□□□から

問八　［A］は本文では省略されている。本来どういう言葉が入るべきか。本文中から十字程度で抜き出して答えなさい。

（　　）

問九　B・Cの会話は誰の言葉か、名前をそれぞれ答えなさい。

B（　　）C（　　）

問十　──線部⑥「もし」の品詞を答えなさい。（　　）

3　次の文章を読んで、後の問いに答えなさい。（大阪学院大高）

中学生の「私（朋子）」は、父を亡くし、母は東京の専門学校で一年間勉強している家庭で育ってた。「私」は兵庫県芦屋市に住む伯母夫婦に預けられることになった。伯母夫婦は、ミーナという娘とローザお

ばあさん、家政婦の米田さんと暮らしている。

「※謹啓《きんけい》　時下《じか》ますますご清栄のこととお慶《よろこ》び申し上げます。

突然このようなお手紙を差し上げますご①ブレイ、お許し下さい。私は日頃から貴社発行の書物に親しんでおります、一愛読者でございます。

さて、現代思想史シリーズ第十三巻、『土俗信仰―その※カオスと受難』、大変充実した内容で、興味深く拝読いたしました。ただ一箇所、下記のような※誤植《ごしょく》を発見し、失礼とは思いながら一言お知らせすべくお便りする次第です。

三百十九ページ、十四行、上から二十八字め

尻僧→尼僧

これからも教養あふれる、格調高い書物と出会えますことを願っております。陰ながら貴社のますますのご②ハッテン、お祈り申し上げます。

※謹白」

伯母さんは誤植を発見すると、発行元に向けてこうした手紙を書き送った。返事が返ってくることは稀《まれ》で、多くの場合は無視されたが、それでも時折丁寧な会社からはお詫《わ》びと感謝の手紙が送られてきた。栞《しおり》やブックカバーやボールペンなど、ちょっとしたお礼の品が添えられていることもあった。

「伯父さんの会社からは返事が来た？」

広報誌の伯父さんの挨拶文で、※フレッシーがヌレッシーになっていたのを思い出して私は尋ねた。

「来ない」

伯母さんは　A　返事をした。

「身元がばれないように、※米田さんの名前で出したんだけどね。米田さんには③ナイショよ」

直接伯父さんに④指摘してあげればいいのに、とふと思ったが、口には出さないでおいた。

「大事な看板商品の名前を間違えておきながら、お詫びにフレッシーの一本も送ってこないなんて、失礼よね」

伯母さんは　X　をすくめた。

しかしもちろん、誤植探しの目的はお礼の品物にあったのではない。伯母さんがどんな小さな間違いも見逃せない、几帳面すぎる性格をしていたとも思えない。

伯母さんはただ、活字の砂漠を旅し、足元に埋まった一つの誤植を救い出そうとしていただけだ。彼女自身の言葉を借りれば、それは1砂の海に輝く2一粒の宝石であったらしい。もし掘り出さないでいれば、誤植は長い年月闇に埋もれたままになってしまう。誰の目に留まることもなく、3踏み潰され、置き去りにされる。そのことが伯母さんには耐えられなかったのだ。

喫煙ルームは文字通り煙草とお酒のための部屋であると同時に、砂漠を旅するための場所でもあった。一日のうちで伯母さんが最も長い時間を過ごしたのがそこだった。彼女以外、誰もその部屋に用事はなかった。当然ミーナは発作の心配から出入りを禁止されていたし、ローザおばあさんはウィスキーのにおいを嫌っていた。かつて舶来品の葉巻が納められていただろう飾り棚の引き出しには、伯母さん愛用の国産煙草の箱が転がっているだけで、　B　伯父さんがお客さんをそこへ案内することはなかった。

唯一の例外は私だった。伯母さんが喫煙ルームにこもりっきりになると、訳もなく落ち着かなくなり、扉に耳を押し当てる。岡山の両親がお酒を一滴も飲まなかったせいで、アルコールに対して必要以上に恐れを抱いていたのかもしれない。［C］どんなに耳を澄ませても扉の向こうからは何の気配も伝わらず、とうとう我慢できなくなってノックをしてしまう。

　彼女はちびた鉛筆を片手に、ひっきりなしに煙草の煙を吐き出しながら、一粒一粒砂を選《よ》り分けるようにして活字をなぞっている。4私に邪魔をされても迷惑そうな様子は見せず、あら、朋子、と一言つぶやいてまたすぐ孤独な作業に戻ってゆく。立派な革装の書物もあれば、粗悪なリーフレットもあるが、そんなことは大した問題にはならない。伯母さんにとって大事なのは、自分が向かおうとしている目的地ではなく、足元に広がっている活字の数々だけだ。

　すくってもすくっても掌《てのひら》からこぼれ落ちてゆくのは、5非の打ち所のない、真っ当な活字たちばかりだ。けれど伯母さんはあきらめず、うつむいて何度でも砂の中に両手を差し入れる。背中を丸め、［Y］をひそめ、瞬きさえ忘れて指先の一点を見つめている。

　私は、別に用事があるわけじゃなく、ただ暇だからここにいるだけなの、という振りをしてカーテンの隙間《すきま》から外をのぞいたり、辞書をぱらぱらとめくってみたりするが、本当は伯母さんのことが気掛かりで仕方ない。砂漠は遠く、果てがなく、※オアシスはみんな蜃気楼《しんきろう》で、伯母さんより他に旅人はただの一人も見当たらないのだから。

「あっ」

　初めて伯母さんは手を止め、顔を上げる。

「ほら、ここ……」

私は急いで隣に駆け寄り、伯母さんが指差すところを声に出して読み上げる。

「……彼は精魂尽き果て、その場に崩れ落ちた……」

「精魂は、精根でなくてはね」

　伯母さんは魂の字に丸をつける。ようやく一粒だけ掌に残ったその一文字を⑤慈しむように、誰のとも知れない迷う魂を慰めるように、丸で囲む。

　欲しいと望めばいくらでも本物の宝石を手に入れることだってできたはずなのに、伯母さんが求めたのは誤植という名の宝石だけだった。彼女の慰めとなったのは、自分を目立たせるためのキラキラとした指輪やネックレスではなく、目立たない場所に放置された誤植だった。伯父さんのいない夜、ミーナが入院している夜、伯母さんは本物の宝石を扱うのと同じ丁寧さで誤植と対話した。そうして次の朝、6本来あるべき場所へ帰れるよう祈りつつ、迷子になった言葉たちを封筒に入れ、ポストへ投函するのだった。

（小川洋子「ミーナの行進」より。一部抜粋）

※　謹啓…手紙の最初に書く、挨拶の語。
※　カオス…混とん。混乱。
※　誤植…印刷物で、文字・記号などに誤りがあること。
※　謹白…手紙の最後に書く、挨拶の語。
※　フレッシー…伯父さんの会社で製造している飲料。
※　米田さん…伯母さん夫婦宅に勤める家政婦。
※　オアシス…砂漠の中で水がわき、樹木の生えているところ。

問一　二重傍線部①～⑤のカタカナを漢字に、漢字をひらがなに直して答えなさい。

①（　　）②（　　）③（　　）④（　　）

⑤（　　しむ）

問二 [A] に当てはまる語句として、次の中から最も適当なものを一つ選び、記号で答えなさい。（　　）

ア、はつらつと　イ、気のない　ウ、キビキビと
エ、叫ぶように　オ、ウキウキと

問三 [X]・[Y] に当てはまる語として、次の中から最も適当なものを一つ選び、記号で答えなさい。X（　　）Y（　　）

ア、首　イ、手　ウ、足　エ、腰　オ、息

問四 傍線部1「砂」・2「一粒の宝石」について、これらは比喩《ひゆ》（例え）である。1・2は何をたとえているのか、傍線部1を二字で、傍線部2を五字で抜き出して、答えなさい。1 □□　2 □□□□□

問五 傍線部3「踏み潰され、置き去りにされる」について、この用法として、次の中から最も適当なものを一つ選び、記号で答えなさい。（　　）

ア、直喩法　イ、隠喩法　ウ、擬人法
エ、倒置法　オ、感嘆法

問六 [B] に当てはまる語として、次の中から最も適当なものを一つ選び、記号で答えなさい。（　　）

ア、とっくに　イ、もはや　ウ、ますます
エ、とうとう　オ、そろそろ

問七 [C] に当てはまる語として、次の中から最も適当なものを一つ選び、記号で答えなさい。（　　）

ア、そして　イ、だから　ウ、すると
エ、または　オ、しかし

問八 傍線部4「私に邪魔をされても…作業に戻ってゆく」について、このような伯母さんの様子に対して、「私」はどのような気持ちを持っているのか、次の中から最も適当なものを一つ選び、記号で答えなさい。（　　）

ア、冷淡な伯母さんに恐怖を感じている。
イ、忙しそうな伯母さんの邪魔をするまいと緊張している。
ウ、伯母さんのことが気掛かりで仕方ない。
エ、伯母さんに構って欲しくて、そわそわしている。
オ、伯母さんの手伝いがしたくて仕方ない。

問九 傍線部5「非の打ち所のない」の意味として、次の中から最も適当なものを一つ選び、記号で答えなさい。（　　）

ア、釘をさす場所がない　イ、少しも欠点がない
ウ、非難する意味がない　エ、悲しみを表す術がない
オ、非情な仕打ちがない

問十 傍線部6「本来あるべき場所」とは、どこを指すか、次の中から最も適当なものを一つ選び、記号で答えなさい。（　　）

ア、ある文字が正しく使われる場所
イ、ある文字が帰る家
ウ、ある文字が生まれた作家の所
エ、ある文字が作られた出版社
オ、ある文字が眠られるお墓

4 次の文章を読んで、後の問いに答えなさい。記述問題において、句読点等は字数に含むものとする。（本文は問題の作成上、変更した部分があります。）

（関西福祉科学大学高）

三姉妹が慕う、母親の妹「るり姉」は天真爛漫《らんまん》で周りの人々を楽しい気分にさせてくれる天才である。そんな「るり姉」が体調を崩し、入院した。三姉妹は母親と一緒にお見舞いに行く。

「ほんとにさ、みやこの髪の毛はまっすぐで、まっくろで、（　A　）でとってもきれいだったんだから。それなのに、そんな腐った赤キャベツみたいにしちゃって、中学生ってほんとばかだよ」

るり姉のいつものセリフ。みやこは下を向いて、いつものように（　B　）している。

「①お姉ちゃん、ありがとう。また来て」

女四人で、とりとめもない話をさんざんしたあと、るり姉は気を遣ったのか、あたしたちが言うより先に言った。お母さんは小さくうなずいた。

「みのり、バレーボール一生懸命練習して、試合でたくさん勝ってね。さつきもバイトがんばって。みやこはとりあえずその頭をどうにかしなさいよ」

るり姉は最後に、またみんなを笑わせてくれた。

「また来るね。早くよくなってね、るり姉」

あたしたちは交互にそんなことを言って、病室をあとにした。るり姉はベッドの上で、笑顔で手を振ってくれた。前は外まで見送ってくれたのに、と思ったら②胸がきゅーんとなった。

帰りにおばあちゃんちに寄った。おばあちゃんは、「ごくろうさま」とあたしたちに言い、［　X　］笑顔をつくった。一気に年をとったみたいだった。

「るり姉、a痩せちゃってたよ」

みのりがすごい発見でもしたかのように、おばあちゃんに報告する。おばあちゃんは、うんうん、とうなずいている。あたしはみのりのバカをひっぱたきたかった。みやこは、病院を出てからひと言も口をb利いていない。

夕飯近くになってカイカイがやって来た。

「ちょい、ひさしぶりだね」

カイカイがあたしたちに向かって、手を上げる。うれしそうに迎えたのはみのりだけだ。あたしはカイカイのやつれた顔を見て、かける言葉が見つからなかった。みやこは相変わらずなにもしゃべらない。

「今日、るりちゃんのところにお見舞いに行ってくれたんだってね。ありがとう」

今しがた、るり姉のところに寄ってきたらしいカイカイが言った。あたしは「ううん」と首を振ったけど、みのりがまた「るり姉、痩せてたよ」とカイカイにまで言うから、もう本当に蹴り飛ばしてやりたかった。

カイカイの携帯がポケットから顔を出していて、イチゴのストラップが見えた。みんなでおそろいのやつだ。イチゴ狩りに行ったのは、ついこないだのことなのに、るり姉は今病院にいるんだと思うと、すごく不思議で、なんてひどい話なんだろう、という気持ちになった。

③あのときは元気いっぱいのるり姉がいたのに。そう思うとたとえようのないさびしさが、（　C　）とおそって来た。ドラえもんに今すぐ来てもらって、タイムマシンであの日に戻りたいと思った。それで、るり姉の未来の病気を食い止めたいって、cシンケンに思った。

「麦茶でも飲む？」

「えっ？　ああ、お願い」

その夜、ぼんやりとテレビを見ているお母さんに声をかけると、お母さんはびっくりしたように顔を上げた。お母さん、相当疲れてるなと思った。

　テレビは、あたしの大好きなおもしろい深夜番組をやっていた。若手芸人たちが、街の人をドッキリにかけるんだけど、実は本当にだまされているのは、一般の人ではなくて芸人たちというやつ。ドッと笑い声。あたしたちは音量を落とした。

「バイトどう?」

　ふいにお母さんが聞いてくる。あたしは「たのしくやってるよ」と答えた。

「おばあちゃんのところの花火大会のことだけど」

　お母さんが言う。おばあちゃんの住んでいるところでは、毎年大きな花火大会があって、あたしたちはたぶん（記憶に残っているなかでは）ずっと見てきたと思う。るり姉が場所取りをしてくれたビニールシートに座って、あたしたちは、おにぎりとか焼き鳥とか枝豆とかポテチとかを食べながら、目の前に大きくdウツる花火を見るのだ。

　もちろん今年だって行きたいと思う。おばあちゃんちに泊まりに行かなくなったって、この花火大会だけは絶対にずっと行きたいと思ってた。だって、夏の目玉だもん。夏のしるしだもん。夏の思い出だもん。

「るり子、外出eキョカもらう予定なの。みんなで行こうと思うんだけど」

　お母さんの言葉に、あたしは目だけでうなずいた。

「ちょっと!」

　そのとき、みやこが大きな足音を立ててやって来た。今日、病院を出てからはじめて口を利いた。あたしは、ガラにもなく、みやこのためにもう一つ麦茶をいれてあげた。

「るり姉、死ぬんでしょ!」

　みやこがいきなりそんなことを言ったから、あ然とした。お母さんは、すぐさま立ち上がって、みやこの顔をぶった。パンッと鋭い音がした。

「ってえな!　なにすんだよ」

「よくなるって言ったでしょう!　今度そんなこと言ったら、承知しないから」

　みやこはお母さんをにらんでたけど、ぶったほうのお母さんは、まるで自分がぶたれたかのように脱力していた。

「もう寝るわ」

　それだけ言って、お母さんは行ってしまった。みやこは大きな貧乏ゆすりをしている。

「花火大会にみんなで行こう、だって」

　みやこは話を聞いていたらしく、ふん、と鼻を鳴らした。

「るり姉がいなくなったら、三万円の図書カードもらえないじゃん!　ひいきだよ!　お姉ちゃんだけずるいよ!」

　みやこがなにを言っているのか一瞬わからなかったけど、意味がわかったとたん、④頭に血が昇った。あたしは思わず、コップの麦茶をみやこにぶちまけた。あっ、と思ったら、あたしも麦茶をかけられていた。

　みやこの濡《ぬ》れた顔や髪を見てたら、泣けてきた。不器用なみやこの気持ちは、よくわかってるつもりだった。

「ごめんね」

「……だって、ずるいじゃん。あたしだって、るり姉から……高校入学のお祝いほしいもん……」

　泣けないみやこ。るり姉が大好きなみやこ。

　いつのまにかアニーが足元に来て、あたしたちがこぼした麦茶をペロペロと舐《な》めた。喉が渇いているのか、床を舐め終わり、あたしたちを見上げて「くうん」と鳴いた。るり姉が言うように、今日のアニーに限っては、悲しげに見えなくもなかった。

（椰月美智子「るり姉」より）

問一　波線部ａ～ｅのカタカナは漢字に直し、漢字は読みをひらがなで答えなさい。

ａ（　　）ｂ（　　）ｃ（　　）ｄ（　　）ｅ（　　）

問二　空欄部Ａ～Ｃに入るのにふさわしい語を、次のア～キから選び、それぞれ記号で答えなさい。Ａ（　　）Ｂ（　　）Ｃ（　　）

ア　つやつや　イ　たんたん　ウ　ビクビク

エ　ニヤニヤ　オ　うるうる　カ　わなわな

キ　ひしひし

問三　傍線部①「お姉ちゃん」を言い換えた語句を、本文中から四字で抜き出しなさい。□□□□

問四　傍線部②「胸がきゅーんとなった」理由として最もふさわしいものを、次のア～エから選び、記号で答えなさい。（　　）

ア　以前は外まで見送ってくれたのに、もう死ぬ寸前にまでなっていることに気づいてしまったから。

イ　以前は外まで見送ってくれたのに、今日は気分がまったく優れないと言って見送ってくれないから。

ウ　以前は外まで見送ってくれたのに、もう動くのさえ辛い状態だということに気づいてしまったから。

エ　以前は外まで見送ってくれたのに、妹のせいで気を悪くしてしまったのだと気づいてしまったから。

問五　［Ｘ］にあてはまる語句として最もふさわしいものを、次のア～エから選び、記号で答えなさい。（　　）

ア　うれしそうな　イ　わらいそうな

ウ　さみしそうな　エ　はずかしそうな

問六　傍線部③「あの」が指す内容を、解答欄「～とき。」に続くよう、本文中から十字以内で抜き出しなさい。

□□□□□□□□□□とき。

問七　傍線部④「頭に血が昇った」とあるが、「頭に血が昇る」を使って短文を作りなさい。

（　　　　　　　　　　）

問八　やり場のないいらだちを隠せない「みやこ」を表現している一文を、本文中から十八字で抜き出しなさい。

□□□□□□□□□□□□□□□□□□

問九　本文の内容としてふさわしいものを次のア～オから二つ選び、記号で答えなさい。（　　）（　　）

ア　三姉妹は「カイカイ」と久しぶりに、祖母の家で再会した。

イ　「るり姉」は原因不明の病で苦しんでいるが、妹らの見舞いに対して気丈に振舞っている。

ウ　「さつき」は理不尽なことを言う「みやこ」に、泣きながら麦茶をかけた。

エ　「さつき」は、高校入学のお祝いとして「るり姉」から図書カード三万円分をもらっている。

オ　「さつき」や「みやこ」にとって「るり姉」と行った花火大会が、唯一の思い出になっている。

5　次の文章を読んで、後の問いに答えなさい。問題の都合上、省略した箇所がある。

（京都教大附高）

河川敷で木陰を選んで、シートを広げた。昼食は午前中に国道沿いのスーパーマーケットで買いこんだ惣菜《そうざい》弁当と菓子パンだった。さすがに十キロ以上の荷物を背負って徒歩の旅を続けるには、弁当だけでは足りなかった。四人ともコロッケパンや焼きそばパン、ヨーグルトやチーズなどのデザートを買いこんでいる。

河口付近の［ Ⅰ ］とした流れが目のまえに広がっていたが、風景に対する感動はほんの一瞬だった。高層マンションの住人と似ているのかもしれない。どんなに見事な景色でも人間は二日もすれば飽きてしまうのだ。

食後すぐに伸也は㊀ブログのａコウシンを始めた。豊泉《いずみ》も横からディスプレイをのぞきこんでいる。夏の川と空があっても、①パソコンのディスプレイの中身のほうがおもしろいのだ。ふたりとも都会の人間だった。

修吾が立ちあがった。陽介は寝そべったままいった。

「どこにいくの？」

「……川にいく」

あい変《かわ》らず修吾の返事はＡぶっきら棒だった。だが、いっしょに旅をして何日かするうちに、陽介は微妙な感情を読めるようになってきた。この「川にいく」はひとりにしてくれという空気ではなかった。

「だったら、②ぼくもいっしょにいくよ。足と顔を洗いたいから」

（中略）

川の水は海の近くなのですこし濁っているが、足を浸けると冷たくて気もちよかった。陽介はひざまで流れにはいって、かがみこみ顔を洗った。工場の寮にいたころは水道の水さえのまなかった。いつもコンビニでミネラルウォーターを買っていたのだ。その自分が今では、そこらの川の水で平気で顔を洗っている。

「……気もちがいいな」

修吾は護岸に座りこんで、川に足を投げだしていた。短い髪がびしょ濡《ぬ》れなのは、頭ごと顔を洗ったのだろう。

「うん、ほんとに気もちいい」

この旅を始めてから、自分の言葉が短くなった気がした。まるで修吾のようだ。気もちいいといわれて、気もちいいと返す。それくらい簡単な方法で、言葉の使用は十分だし、力も発揮されていた。夏の川の冷たさや肌を滑っていく流れの微妙な感触は、ブログで伝わるのだろうかと陽介は思った。あのふたりはまだネットに熱中していることだろう。

（中略）

「あのさ、マスター、明日は新潟市だよね。なんで週刊誌の取材があんなに気がすすまなかったの？」

ふたりきりになったらきいてみようと思っていた質問だった。修吾にはほかのふたりにはない陰や秘密のにおいがする。そこで言葉は途切れてしまった。修吾は［ Ⅱ ］とＴシャツを洗い、よくすすいで、脇をしめてきちんと絞りあげた。陽介があきらめたころ、修吾がいった。

「……誰にでも隠しておきたいことがある。それが人間ってもんだ」

また歩く哲学者がでてきた。一生派遣社員を続けて、結婚もせずに、いつか野宿の旅の空で死にたい。二十代でそんなふうに思い定めるには、よほどの過去があるのだろうが、またも修吾にはねつけられてしまった。それがすこしもｂ嫌味に思えないのが、この男のいいところかもしれない。

「いいよ。いつかマスターが話したくなったら、教えてくれれば。ぼくも記者にはマスターのことをきかないように注意しておく」

修吾はなにもいわずに立ちあがり、Ｔシャツのしわを伸ばし、水滴を飛ばした。はね散った滴《しずく》に夏の日ざしが反射して、あたりが一瞬まぶしくなった。

「……おれはいつもひとりで旅をしていた……でも、誰かといっしょというのも、悪くないもんだな」

陽介は肩をすくめて、川からあがった。

（中略）

頭上から、声が降ってきた。

「きみたちが、『明日のマーチ』かな」

テーブルの横にカップをもった三十代の男が立っていた。ベージュのチノパンに紺のブレザー、シャツは白のボタンダウンである。リュックのひもの片方だけ肩にかけている。

「代表の黒瀬さんは、どなたですか」

金属質で甲高い、いかにも秀才の声だった。陽介はあらためて記者を見た。人あたりのいい整った顔立ちだった。偏差値のいい大学をでて、新卒ｃサイヨウで出版大手に内定をもらったのだ。合格者は数百人にひとりくらいのものだろう。㊁シューカツに失敗した陽介には、まだ当時のＢコンプレックスが残っている。

（中略）

「すごく日焼けして精悍《せいかん》な感じだけど、どうして山形県から東京まで歩いていこうって考えたのかな。最初にいいだしたのは誰なの？」

豊泉が親指の先でとなりのテーブルを示した。

「あそこの取材拒否のおっさん。マスターは工場が休みの日には、いつも㊂バックパック背負って旅にでてたんだ。それで東京まで歩くっていうから、ぼくたちもつきあうことにした。まあ、ひまだし、すぐ東京に帰っても仕事ないし。なんかたのしかったんだよね。一日歩いてみたら」

伸也が厳しい調子でいった。

「ちょっとイズミは黙ってろ。そんな調子のいい話ばかりじゃないだろう。おれは最初にマスターから東京までの徒歩の旅をきかされたときに考えた。これはいいプロテストになるって。大企業の経営者は派遣社員の首を切っても、痛くもかゆくもない。明日から関係ないといって、放りだしておしまいだ。若年層の失業率は平均の倍以上で十パーセント近いのに、誰も本気で［Ⅲ］としない。だから、おれは歩き始めてすぐに『明日のマーチ』のブログを開いた。誰かが若いやつらのおかれている悲惨な状況を発信しなくちゃいけない。おれたちだって、いつまでもやられてばかりじゃないってさ」

陽介は舌を巻いていた。

（中略）

今朝は海辺の公園で目を覚ましたのに、こうして東京の出版社の記者から取材を受けている。陽介はそれが不思議だった。

「えーっと、きみは……」

「春原陽介二十五歳。ぼくは大学をでて、シューカツにミスってから、ずっと派遣です」

「春原くんはこの旅をどう思う？　なぜ、これほど人気がでたんだろう」

③陽介は迷った。自分の言葉で、この旅のおもしろさがうまく伝わるだろうか。伸也のように論理的に話すのは苦手である。それで数々の面接をしくじってきたのだ。

「さっき伸也がいってた理由はもっともだけど、それだけじゃないと思います。なんというか、歩いて旅をするのがたのしいんです。疲れるし足も肩もぼろぼろになるけど、なんかたのしい」

結局たのしいとか、そんなことしかいえなかった。

（石田衣良「明日のマーチ」より）

［注］㊀　ブログ……ウェブログの略称で、閲覧《えつらん》者も自由にコメントでき

るホームページの一形態。

㈡ シューカツ……就職活動の略語。

㈢ バックパック……リュックサック。荷物を入れて担ぐための袋。

問一　波線部a「コウシン」、b「嫌味」、c「サイヨウ」のカタカナを漢字に、漢字をひらがなにそれぞれ改めなさい。

a（　　）　b（　　）　c（　　）

問二　傍線部①「パソコンのディスプレイの中身」とあるが、「中身」とは何のことか。**十字から十五字以内**で説明しなさい。

問三　二重傍線部A「ぶっきら棒」、B「コンプレックス」の意味として最も適切なものを次のア～オからそれぞれ選び、記号で答えなさい。

A（　　）　B（　　）

ア　企業などが法令や規則をよく守ること。
イ　物の言い方や挙動などに愛想がないこと。
ウ　ためらいわだかまりなどを捨て去ること。
エ　自分が他より劣っているという感情。
オ　人間が持っているさまざまな感情。

問四　本文中の空欄［Ⅰ］～［Ⅲ］にそれぞれ入る語句の組み合わせとして最も適切なものを次のア～エから選び、記号で答えなさい。

（　　）

ア　Ⅰ　はっきり　Ⅱ　先々　Ⅲ　広めよう
イ　Ⅰ　ゆったり　Ⅱ　着々　Ⅲ　諦めよう
ウ　Ⅰ　ゆったり　Ⅱ　黙々　Ⅲ　助けよう
エ　Ⅰ　はっきり　Ⅱ　早々　Ⅲ　改めよう

問五　傍線部②「ぼくもいっしょにいくよ」と言った陽介にはどのような思いがあったと考えられるか。「～という思い」に続くように説明しなさい。

（　　　　という思い）

問六　傍線部③「陽介は迷った」とあるが、この時の状況を説明した次の文の空欄（ア）・（イ）に入る適切な言葉を補いなさい。

ア（　　）　イ（　　）

かつて就職活動中の（ア）きた陽介自身の経験を思い返し、伸也のように論理的に話せるだろうかという不安と、（イ）を自分の言葉でうまく伝えられるだろうかという思いを抱いた。

問七　次に掲げるのは、本文に述べられていることに関して、生徒が交わした授業中の会話である。生徒A～Eの発言のうち、本文と合致するものを一つ選び、記号で答えなさい。（　　）

生徒A：この話は、派遣社員として働いていた工場を契約解除になった若者四人が、山形から東京までの道のりを徒歩とヒッチハイクで、野宿しながら行くストーリーになっているんだ。

生徒B：昼食後には自由時間があって、それぞれが思い思いの過ごし方をしているね。『明日のマーチ』は、この旅の始めに豊泉が開いたブログで、週刊誌の取材を受けるほど注目されてきたね。

生徒C：バックパックを背負って旅に出たことがあったマスターは、その経験から楽しさが損なわれないようにと新潟市での取材を拒否した。そのことをメンバーは知っているから、あえて言わなかったね。

生徒D：川の水に足を浸しながら、「気もちがいいな」と言われ「気もちいい」と返す。陽介はそれくらい短く、簡単な言葉のやりとりで伝わる感情や旅そのものの魅力を実感してたわ。

生徒Ｅ：はね散った水滴に夏の日ざしが反射したり、肌を滑っていく川の流れなど、微妙な感触をブログや取材で伝えられるのかと聞いてみたが、都会の人間は不思議そうな顔をしていたね。

6　次の文章は宮下奈都《みやしたなつ》さんの『羊と鋼の森』の一節である。入社二年目のピアノ調律師「僕（外村《とむら》）」は、先輩の「柳さん」と調律の仕事に同行するが、そこで依頼主（上条）から技量の未熟さを非難されてしまう。以下の文章は仕事を終えた後、「外村」が「柳さん」と共に帰路に就く場面である。これを読んで、あとの問いに答えなさい。（特に指示がない場合、句読点も字数にふくみます）　（金光八尾高）

森に近道はない。自分の技術をａ磨きながら一歩ずつ進んでいくしかない。

だけど、ときおり願ってしまう。奇跡の耳が、奇跡の指が、僕にｂ備わっていないか。ある日突然それが開花しないか。思い描いたピアノの音をすぐさまこの手でつくり出すことができたら、どんなに素晴らしいだろう。目指す場所ははるか遠いあの森だ。そこへ①一足飛びに行けたなら。

「でもやっぱり、無駄なことって、実は、ないような気がするんです」

薄く積もった季節外れの雪を踏みしめて、車がゆっくりと動き出す。

「ときどき思うんだが、外村って、無欲の皮をかぶったとんでもないｃ強欲野郎じゃないか」

柳さんは助手席を倒して、うーんと伸びをした。

もしも調律の仕事が個人種目なら、飛び道具を使うことを考えてもいい。歩かずにタクシーで目的地を目指したってかまわない。そこで調律をすることだけが目的であるなら。

でも、調律師の仕事は、ひとりでは完成しない。そのピアノを弾く人がいて、初めて生きる。だから、徒歩でいくしかない。演奏する誰かの要望を聞くためには、ひと足でそこへ行ってはだめなのだ。直せないから。一歩ずつ、一足ずつ、確かめながら近づいていく。その道のりを大事に進むから、足跡が残る。いつか迷って戻ったときに、足跡が目印になる。どこまで遡《さかのぼ》ればいいのか、どこで間違えたのか、見当がつく。修正も効く。誰かのリクエストを入れて直すことだってできるんじゃないか。たくさん苦労して、どこでどう間違ったか全部自分の耳で身体で記憶して、それでも目指すほうへ向かっていくから、人の希望を聞き、叶えることができるのだと思う。

「あ」

小さく声に出しただけなのに、助手席で目を瞑《つむ》っていたはずの柳さんががばっと身を起こした。

「どうした」

「いえ」

「気をつけてくれよ、スタッドレス＊じゃないんだから。ああ、まったく、この季節にこんなに降るなんてなあ」

「評判のラーメン屋が」

「は」

最初のひとくちで印象に残るように味を濃くするのは、誰が食べるかわからないからだ。②誰が食べるのかわかっていれば、その人のおいしさに合わせてつくることができるはずだ。

「寄ってく？」

柳さんはうれしそうにこちらを見ている。

「いいね、たまには。寄っていこうぜ。どこだよ、その評判のラーメン屋って」

「すみません、比喩です」

ぽかんとした顔に、あからさまな［X］が広がる。

「探しておきます、おいしい店」

それきり柳さんは再び目を閉じてしまう。

運転しながら、今日の首尾を考える。違う、と思った。さっきのは、ただの嫌がらせじゃない。やはり、音に何かが足りなかったのだ。たしかに上条さんは③勤勉なピアニストではなく、自宅のピアノを弾いたのは久しぶりだったかもしれない。でも、そのときに、違う、と思ってしまったのだ。このピアノ、いつもと違う。

柳さんにはできることが僕にはできていない。わかってはいるつもりだったがこうして拒絶という形でお客さんから突きつけられると、怖い。④具体的に何ができていないのか、何が足りないのか、わからないことが怖い。

「怖い？　何が？」

眠っているのかと思った柳さんが急に話し出したのでびっくりした。同時に、⑤恥ずかしくなる。頭で考えていたことが、どうやら口に出ていたらしい。

「あの、怖くなかったですか。駆け出しの頃、もしもこのまま調律がうまくならなかったらどうしようかと思いませんでしたか」

深く倒した助手席から目だけでこちらを見る。

「怖くなかったかな。いや、怖かったのかな」

それからふっと目を細めた。

「怖いのか」

黙ってうなずく。

「いいんじゃないの。怖けりゃ必死になるだろ。全力で腕を磨くだろ。もう少しその怖さを味わえよ。怖くて当たり前なんだよ。今、外村はものすごい勢いでいろんなことを吸収してる最中だから」

そういうと、くっくっくっ、と声を出して笑った。

「だいじょうぶだ、外村は」

「だいじょうぶじゃないです。焦るばかりで、怖いばかりで――」

柳さんは片手を上げて、僕の言葉を遮《さえぎ》った。

「誰だ、業務とは別に毎日事務所のピアノを調律し直してるの。あれって、のべ何台の調律をしたことになると思う？　事務所の机に何冊調律の本を持ってる？　あれだけ読んで勉強してりゃ、知識もつくよ。そんで家では毎晩ピアノ曲集を聴き込んでるんだろ。だいじょうぶだよ、せいぜい今のうちに怖がっておけよ」

怖がっても、現実はもっと怖い。思うような調律はぜんぜんできない。

「調律にも、才能が必要なんじゃないでしょうか」

思い切って聞くと、柳さんは顔をこちらへ向けた。

「そりゃあ、⑥才能も必要に決まってるじゃないか」

やっぱり、と思う。必要だと言われて逆にほっとしたくらいだ。今はまだそのときじゃない。才能が試される段階にさえ、僕はまだ到達していない。

僕には才能がない。そう言ってしまうのは、いっそ楽だった。でも、調律師に必要なのは、才能じゃない。少なくとも、今の段階で必要なのは、才能じゃない。そう思うことで自分を励ましてきた。才能という言葉で紛らわせてはいけない。あきらめる口実に使うわけにはいかない。経験や、訓練や、努力や、知恵、機転、根気、そして情熱。才能が足りないなら、そういうもので置き換えよう。もしも、いつか、どうしても置き換えられないものがあると気づいたら、そのときにあきらめればいいではないか。怖いけれど。自分の才能のなさを認めるのは、きっととても怖いけれど。

「才能っていうのはさ、ものすごく好きだっていう気持ちなんじゃないか。どんなことがあっても、そこから離れられないd執念とか、闘志とか、そういうものと似てる何か。俺はそう思うことにしてるよ」

柳さんが静かに言った。

＊語注

＊「スタッドレス」＝「スタッドレスタイヤ」の略。滑りにくくした積雪時用のタイヤ。

問一　二重傍線部a～dの漢字の読みを答えなさい。

a（　　）b（　　）c（　　）d（　　）

問二　傍線部①「一足飛び」と反対の意味の表現を、これより後の部分から二十五字以内で抜き出して答えなさい。

問三　傍線部②「誰が食べるのかわかっていれば、その人のおいしさに合わせてつくることができるはずだ」とありますが、「その人のおいしさに合わせてつくる」とは、「調律師」にとってはどうすることですか。三十字以内で説明しなさい。

問四　空欄 X にあてはまる言葉として最も適当なものを次のア～オより一つ選び、記号で答えなさい。（　　）

ア　期待　イ　安堵　ウ　動揺　エ　落胆　オ　興奮

問五　傍線部③「勤勉」、④「具体的」の対義語として最も適当なものを次のア～オより一つ選び、記号で答えなさい。

③「勤勉」（　　）

ア　精進　イ　苦労　ウ　願望　エ　不満　オ　怠惰

④「具体的」（　　）

ア　抽象的　イ　革新的　ウ　意図的　エ　科学的　オ　現実的

問六　傍線部⑤「恥ずかしくなる」とありますが、それはなぜですか。三十五字以内で説明しなさい。

問七　傍線部⑥「才能も必要に決まってるじゃないか」とありますが、このときの「柳さん」の心情を説明したものとして最も適当なものを次のア～オより一つ選び、記号で答えなさい。（　　）

ア　調律師の仕事に愛情とこだわりをもち、技術を身につける努力を惜しまない外村のことを認めている。

イ　仕事の失敗から弱気な発言ばかりを繰り返している外村に対していらだちを感じ、突き放している。

ウ　調律師としての自信を失ってしまった外村を励ますため、冗談を言って場を和まそうとしている。

エ　非現実的な理想を語る外村をたしなめ厳しい現実を突き付けて、危機感をもたせようとしている。

オ　予想外の答えを返すことで外村の覚悟を試し、調律師を目指すことをあきらめさせようとしている。

7 次の文章を読んで、あとの問いに答えなさい。（兵庫県）

> 高校一年生の松岡清澄《まつおかきよすみ》は、結婚を控えた姉のためにウェディングドレスをつくろうとしている。ある日の昼休み、クラスメイトの宮《みや》多《た》たちとの会話中、見たい本があると言って自席に戻った。その日の放課後、小学校からの同級生である高杉《たかすぎ》くるみに声をかけられ、一緒に下校することになる。ふと気づくと、くるみは石を拾い上げ、その石を眺めていた。

「なにしてんの？」

「うん、石」

うん、石。ぜんぜん答えになってない。入学式の日に「石が好き」だと言っていたことはもちろんちゃんと覚えていたが、まさか①道端の石を拾っているとは思わなかった。

「いつも石拾ってんの？　帰る時に」

「いつもではないよ。だいたい土日にさがしにいく。河原とか、山に」

「土日に？　わざわざ？」

「やすりで磨くの。つるつるのぴかぴかになるまで」

放課後の時間はすべて石の研磨にあてているという。ほんまにきれいになんねんで、と言う頬がかすかに②上気している。

ポケットから取り出して見せられた石は三角のおにぎりのような形状だった。たしかによく磨かれている。触ってもええよ、と言われて、手を伸ばした。指先で、しばらくすべすべとした感触を楽しむ。

「さっき拾った石も磨くの？」

くるみはすこし考えて、これはたぶん磨かへん、と答えた。

「磨かれたくない石もあるから。つるつるのぴかぴかになりたくないってこの石が言うてる」

石には石の意思がある。駄洒落《だじゃれ》のようなことを真顔で言うが、意味がわからない。

「石の意思、わかんの？」

「わかりたい、といつも思ってる。それに、ぴかぴかしてないときれいやないってわけでもないやんか。ごつごつのざらざらの石のきれいさってあるから。そこは③尊重してやらんとな」

じゃあね。その挨拶があまりに唐突でそっけなかったので、怒ったのかと一瞬焦《あせ》った。

「キヨくん、まっすぐやろ。私、こっちやから」

川沿いの道を一歩踏み出してから振り返った。④ずんずんと前進していくくるみの後ろ姿は、巨大なリュックが移動しているように見えた。

石を磨くのが楽しいという話も、石の意思という話も、よくわからなかった。わからなくて、おもしろい。わからないことに触れるということ。似たもの同士で「わかるわかる」と言い合うより、そのほうが楽しい。

ポケットの中でスマートフォンが鳴って、宮多からのメッセージが表示された。

「昼、なんか怒ってた？　もしや俺あかんこと言うた？」

違う。声に出して言いそうになる。宮多はなにも悪いことをしていない。ただ僕があの時、気づいてしまっただけだ。自分が楽しいふりをしていることに。

いつも、ひとりだった。

教科書を忘れた時に気軽に借りる相手がいないのは、心もとない。ひとりでぽつんと弁当を食べるのは、わびしい。でもさびしさをごまかすために、自分の好きなことを好きではないふりをするのは、好きではないことを好きなふりをするのは、もっともっとさびしい。

好きなものを追い求めることは、楽しいと同時にとても苦しい。その苦しさに耐える覚悟が、僕にはあるのか。

文字を入力する指がひどく震える。

「ちゃうねん。ほんまに本読みたかっただけ。刺繍《ししゅう》の本」

ポケットからハンカチを取り出した。祖母に⑤褒められた猫の刺繍を撮影して送った。すぐに既読の通知がつく。

「こうやって刺繍するのが趣味で、ゲームとかほんまはぜんぜん興味なくて、自分の席に戻りたかった。ごめん」

ポケットにスマートフォンをつっこんだ。数歩歩いたところで、またスマートフォンが鳴った。

「え、めっちゃうまいやん。松岡くんすごいな」

⑥そのメッセージを、何度も繰り返し読んだ。

わかってもらえるわけがない。どうして勝手にそう思いこんでいたのだろう。

今まで出会ってきた人間が、みんなそうだったから。だとしても、宮多は彼らではないのに。

いつのまにか、また靴紐《くつひも》がほどけていた。しゃがんだ瞬間、川で魚がぱしゃんと跳ねた。波紋が幾重にも広がる。太陽の光を受けた川の水面《みなも》が風で波打つ。まぶしさに目の奥が痛くなって、じんわりと涙が滲《にじ》む。きらめくもの。揺らめくもの。目に見えていても、かたちのないものには触れられない。すくいとって保管することはできない。太陽が翳《かげ》ればたちまち消え失《う》せる。だからこそ美しいのだとわかっていても、願う。

⑦布の上で、あれを再現できたらいい。そうすれば指で触れてたしかめられる。身にまとうことだって。そういうドレスをつくりたい。着てほしい。すべてのものを「無理」と遠ざける姉にこそ。きらめくもの。揺らめくもの。どうせ触れられないのだから、なんてあきらめる必要などない。無理なんかじゃないから、ぜったい。

どんな布を、どんなかたちに裁断して、どんな装飾をほどこせばいいのか。それを考えはじめたら、⑧いてもたってもいられなくなる。

それから、明日。明日、学校に行ったら、宮多に例のにゃんこなんとかというゲームのことを、教えてもらおう。好きじゃないものを好きなふりをする必要はない。でも僕はまだ宮多たちのことをよく知らない。知ろうともしていなかった。

⑨靴紐をきつく締め直して、歩く速度をはやめる。

（寺地《てらち》はるな「水を縫う」より）

問一　傍線部①・③・⑤の漢字の読み方を平仮名で書きなさい。

①（　　）③（　　）⑤（　　められた）

問二　傍線部②・⑧の本文中の意味として適切なものを、次の各群のア～エからそれぞれ一つ選んで、その符号を書きなさい。

②（　　）⑧（　　）

②　ア　ふるえて　イ　あからんで　ウ　ひきつって　エ　ゆるんで

⑧　ア　身動きがとれなく　イ　考えをまとめられなく　ウ　不安に耐えられなく　エ　落ち着いていられなく

問三　波線部で使われている表現技法として適切なものを、次のア～エから一つ選んで、その符号を書きなさい。（　　）

ア　対句　イ　擬人法　ウ　省略　エ　倒置

問四　傍線部④の表現の説明として最も適切なものを、次のア～エから

一つ選んで、その符号を書きなさい。（　　）

ア　無機物である石の気持ちさえ理解することができるくるみの感受性の豊かさを表している。

イ　他人の言うことに耳を貸さず趣味について語り続けたくるみのひたむきさを表している。

ウ　相手に左右されることなく自分の判断で行動するくるみの内に秘めた強さを表している。

エ　かみ合わない会話で気まずくなった雰囲気を意に介さないくるみの大らかさを表している。

問五　傍線部⑥の清澄の様子の説明として最も適切なものを、次のア～エから一つ選んで、その符号を書きなさい。（　　）

ア　誤解を招いてしまったことに戸惑い、何とか取り繕おうとした清澄に宮多の素朴な返信が届いた。清澄は読めば読むほどきまりの悪さを感じるとともに、誠実でなかった自分の態度を後悔している。

イ　勇気を出して本心を伝え得たことに満足していた清澄のもとに届いた宮多の返信は、賞賛の言葉に満ちていた。その言葉を読むごとに、清澄は自分の決断は正しかったとの思いを強くしている。

ウ　孤立さえ受け入れようと考えていた清澄に届いた宮多の返信は、意外なものだった。その飾らない言葉を読むにつけ、清澄は思い込みにこり固まっていた自分の心がほぐれていくのを感じている。

エ　謝罪が受け入れられるかどうか不安に包まれていたが、宮多からの返信は清澄への思いやりにあふれていた。清澄は、読むほどに人の優しさが身にしみ、人との接し方を見直そうとしている。

問六　傍線部⑦からうかがえる清澄の刺繍に対する考え方の説明として最も適切なものを、次のア～エから一つ選んで、その符号を書きなさい。（　　）

ア　時とともに移ろい形をとどめるはずのない美しさを、布の上で表現することこそが、理想の刺繍である。

イ　布の上に美しく再現された生命の躍動によって、見る人に生きる希望を与えるものこそが、目指す刺繍である。

ウ　揺らめく水面の最も美しい瞬間を切り取って、形あるものとして固定することこそが、求める刺繍である。

エ　ただ美しいだけでなく、身につける人に不可能に挑む勇気を与えるものこそが、価値のある刺繍である。

問七　傍線部⑨の清澄の様子の説明として最も適切なものを、次のア～エから一つ選んで、その符号を書きなさい。（　　）

ア　周りの人たちに理解してもらえず、焦って空回りしていた自分を冷静に振り返ることができた今、周囲の目を気にせず、純粋にドレスづくりに打ち込むべきだと自分を奮い立たせている。

イ　率直に周囲の人たちと向き合えば、互いの価値観を認め合う関係を築くことができると気づいた今、自分を偽ることなく新たな気持ちでドレスづくりに取り組んでいこうと決意を固めている。

ウ　わからないものから目を背けてきた自分の行いを反省し、未知のものを知ろうとすることによって新しい着想が得られた今、次こそは姉を喜ばせることができるという期待に胸を躍らせている。

エ　友人に心を開き、受け入れられた経験を通して、刺繍という趣味への自信を取り戻した今、クラスメイトと積極的に交流し、楽しみを共有できる関係を築くことから始めようと決心している。

8　次の文章を読んで、後の問に答えなさい。問題中の字数制限は、すべて句読点、記号等をふくみます。（初芝橋本高）

及川紫紋《おいかわしもん》は東京の老舗《しにせ》料亭「吟《ぎん》遊」で働く料理人だったが、店が社会的事件を起こして居場所がなくなり、東京を後にした。たどり着いた名も知らぬ町で、紫紋は「まぐだら屋」という食堂を営むマリアに助けられ、そこで働き始めるが……

もう五年、帰っていない。

料理の専門学校を出て、憧れの料亭「吟遊」に就職してから今日までのあいだ、紫紋は一度も母がひとり暮らす郷里へ帰ることがなかった。盆も正月も、料理人見習いにはまとまった休みが取れなかったし、薄給ゆえに電車賃もままならなかったからだ。一日も早く一人前の料理人になって母を東京へ呼び寄せ、うまい料理を食べさせてやる。それだけを心の支えにがんばっていた。中途半端な状態で郷里に帰るわけにはいかなかった。

意地を張っている、と自分でもわかっていたが、具体的な目標を持たないと、日々の厳しい仕事と生活に①音を上げてしまいそうだった。

ごめんな母ちゃん、②今度の正月も帰れねえんだ。仕事が忙しくってさ。暮れに電話をすれば、母はいつも、よかっぺよかっぺ、と笑って応えてくれた。

仕事があるんは、何よりだべさ。忙しいのは、あんたががんばっとる証拠だべさ。元気でいでくれたら、それだけでよかっぺよ。

そうして届けられる故郷からの宅配便。餅《もち》や煮豆やぬか漬けが詰められて、ずっしりと重かった。まかないがあるから食べるには苦労してない、と何度言っても、母はこうして食べ物を送ってくる。ときには、家から数十キロも離れたホームセンターの袋に包まれたセーターなども入っていて、紫紋を微笑ませた。母ちゃん趣味悪すぎ、とつぶやきながら、部屋にいるときはいつもそのセーターを着ていた。安物なのだろう、すぐに毛玉だらけになってしまったが、それを着ていると母のぬくもりに包まれているような気がした。

しんしんと雪の降り積もる家々の屋根を眺めながら、そういえばあのセーター、東京のアパートの部屋に置きっぱなしにしてきちゃったな、と思い出す。それから、煮豆の味、かぶやなすのぬか漬けのことを思い出した。「吟遊」で作る煮豆やぬか漬けは、それはそれは上品な味がした。けれどいつも、母ちゃんの味にはかなわねえな、と思ったものだ。料亭秘伝のぬか床を一日何度かかき回すのも下っ端の仕事だった。ぬか床にはときおり煮干しや唐辛子が補充されたが、母ちゃんのぬか床には何が入ってるんだろう、とそのつど考えた。今度帰ったら、何より先にぬか床を見せてもらおう。その日までがんばろう、と自分を励ました。

毛玉だらけのセーターと、ぬか漬け。

おかしなものだ。ひさしぶりに雪景色を眺めて、紫紋がまっさきに思い出したのは、そのふたつだった。そして、そのたあいないものたちに、どれほど自分が励まされてきたのかに気づくのだった。（中略）

天気がこんな調子だから、今日の客入りは期待できないな、と思っていたが、③紫紋の予想は見事に外れた。

開店と同時に次々と客がやってきて、ものの五分で店は満席になった。紫紋は店中を走り回り、外で待っている客たちにも「寒いですから、どうぞ中でお待ちください」と声をかけた。男たちは鼻の頭を赤くしながら、口々に、寒いなあ、よう降るなあ、今日は遅番でよかったなあ、などと語り合っている。普段の日よりも店内は活気づき、いっぱいの男たちと昼の定食の豚汁の湯気で暖まっていた。

　Ⅰ 客が途切れず、昼の時間が終わっても片付けが山のように残ってしまったので、その日の昼のまかないは三時近くになってしまった。マリアと紫紋はカウンター近くのテーブルに向かい合って座ると、豚汁ときゅうりのぬか漬けを食べた。やっぱり母ちゃんのぬか漬けに似てる、と紫紋が心中感動していると、

「紫紋君の生まれ故郷は、こんなふうに雪が降るところだったんでしょ」

　唐突に、マリアが言った。

「どうしてわかるんですか?」

　紫紋が訊《き》き返すと、

「店の前で雪かきしてるのが、サマになってたから」

　言われて、苦笑してしまった。東京では Ⅱ 雪が積もらないから、しばらく雪かきをすることなどなかった。今朝はひさしぶりの雪かきということで、はりきってやったのだ。

「都会の人はこんなドカ雪をみると、なんだかもう喜んじゃって、すぐ雪かきしなくちゃって発想にならないのよね。店のお客さんも大阪とか、雪の少ないところの出身者が多いから、雪が降るとなんだか嬉《うれ》しそうなんだ」

　そういうマリアも、どことなく嬉しそうだ。紫紋は、「いや、おれも嬉しいですよ」と言った。

「子供の頃から初雪はいつも嬉しいもんでした。雪合戦とかそりとかミニスキーとか、雪の遊びはいろいろありますからね。食べ物もうまくなるし」

「食べ物? 雪が降るとおいしくなる食べ物があるの?」

　マリアが目を輝かせた。(中略)

　二日二晩降り続いた雨が、Ⅲ やんだ。

　克夫《かつお》が軽トラックに大根を何十本も載せて運んできた。大きくてつやつやした大根は実に立派で、それだけに剝《む》きがいもあった。

　調理台の上に大根を積んで、マリアと紫紋はせっせと皮剝きに精を出した。凍《し》み大根ねえ、と克夫が傍らでタバコをくゆらせる。

「きっとすっごくおいしいはずなんだ。紫紋君のふるさとの料理だから、きっとすっごくおいしく作ってくれるはずなんだ」

　歌うようにマリアが言う。克夫が、「なんじゃ、おまいが作るんか?」と紫紋に向かって訊いた。紫紋は、「ええ、まあ」と大根から目を離さずに答える。

「おふくろがよく作ってくれたんで……おれ自身は作ったことはないんですけど、④見よう見まねでやってみようかな、と」

「へえ」と克夫が、シャリシャリと剝かれていく白い皮を眺めながら、興味深そうに言う。

「おまいのおっ母《か》がね……」

　いつも紫紋をちくりと刺す克夫だったが、⑤そのときばかりはそれ以上、何も言わなかった。

　真っ白に剝き上がった大根に穴を開け、縄を通す。縄も、克夫の老母が作ったものだった。しっかりと芯のしまった、いい縄だった。

「うわっ、すげえ」紫紋は感嘆した。

「いい縄ですね。目がつんでて、きれいだ。ていねいな、いい仕事ですね。大根といい、この縄といい、カツオさんのお母さんは、ほんとうにいいものを作ら⑥れるんだなあ」

⑦克夫は、おや、という表情をした。
「シモン、おまい、いくつじゃ？」

「おれですか？　二十五ですけど」

ははっと克夫が笑った。

「若いのう。たったの二十五か」

「まだ小僧です」と紫紋が言い繕《つくろ》う。

「いや、そうじゃのうて。そげな若いのに、大根のよさも縄の出来栄《できば》えも、おまいにはわかるんじゃのう。たいしたもんじゃ」

いつもは辛口の克夫に思いがけなく褒められて、紫紋は頭を掻《か》いた。克夫は、足もとで渦巻きになっている縄を手に取ると、

「死んだおっ母も浮かばれるて。最後の仕事を、若ぇもんにほめてもろうて」

独り言のように、そう言った。


（原田マハ「まぐだら屋のマリア」より）

問一　――①「音を上げる」・④「見よう見まね」の意味として最も適当なものをそれぞれ次から選び、記号で答えなさい。

①（　　）④（　　）

①
ア　物をたたいて音をたてる。
イ　いきなり大きな声を上げる。
ウ　耐えきれないで弱音を吐く。
エ　切れ目なく泣き叫び続ける。

④
ア　たえず見ているうちに自然とまねて覚えること。
イ　うまくはないが、ていねいにまねればよいこと。
ウ　失敗するかもしれないが挑戦しようとすること。
エ　見方によってはまねができる可能性があること。

問二　――②「今度の正月も帰れねえんだ。」と紫紋が言う、本当の理由は何か。「から。」につながる形で、本文から二十字以上二十五字以内で抜き出して答えなさい。

□□□□□□□□□□□□□□□□□□□□□□□□□から。

問三　――③「紫紋の予想」とはどのような予想か、その説明として最も適当なものを次から選び、記号で答えなさい。（　　）

ア　天気がいいので、今日はたくさん客が来るだろう。
イ　天気がいいが、今日は客はあまり来ないだろう。
ウ　天気がよくないので、今日はあまり客は来ないだろう。
エ　天気がよくないが、今日は客は来るのではないか。

問四　Ⅰ～Ⅲに入れるのに適当な語をそれぞれ次から選び、記号で答えなさい。ただし同じ記号はくり返し使わないこと。

Ⅰ（　　）Ⅱ（　　）Ⅲ（　　）

ア　めったに　イ　ようやく　ウ　きっと
エ　なかなか　オ　なぜなら　カ　かえって

問五　――⑤「そのときばかり～言わなかった。」とあるが、克夫が紫紋に「何も言わなかった」のはなぜか、その理由を三十五字以上四十字以内で説明しなさい。

□□

問六　――⑥「れる」と傍線部の用法が同じものを次から一つ選び、記号で答えなさい。（　　）

ア　満員電車が揺れたはずみに足を踏まれる。
イ　私ならその店へ歩いて十分で行かれる。
ウ　この事件のすみやかな解決が待たれる。

エ　お客様が望まれるところへご案内します。

問七 ――⑦「克夫は、おや、という表情をした。」とあるが、克夫がそのような表情をしたのはなぜか、その理由として最も適当なものを次から選び、記号で答えなさい。（　　）

ア　紫紋がまだ若いのに、経験を積まないと分からないようなものの良さを見抜けることに感心したから。

イ　紫紋がまだ若くて、ものの真の価値を理解できるほどの経験を積んでいないことに物足りなさを感じたから。

ウ　紫紋はこの地へ来てまだ日が浅く、克夫の母とも会ったことがないのに、その仕事ぶりがわかることに不思議さを感じたから。

エ　紫紋が若いにもかかわらず、克夫の母の仕事をほめる口ぶりがていねいで、行き届いたものであることに驚いたから。

9　次の文章をよく読んで後の問いに答えなさい。　（大商学園高）

大学生になった青山霜介《そうすけ》は、展示会場のアルバイトを通じて水墨画※1の巨匠、篠田湖山《しのだこざん》と知り合い、指導を受けることになった。以下は霜介の学園祭の当日、湖山がやってきて、特設ステージで水墨画を披露する場面である。

僕はキャンパス内を歩き回り、お祭りの前の緊張感に満ちた奇妙な静けさを呼吸した。朝八時前とは思えないほど多くの学生が(a)集い、忙しそうに動いている。だが皆、生き生きとしている。

僕はそこでぽつんと佇《たたず》※2んでいたが、まるで独りきりだとは思えなかった。

二年前、父と母がいなくなったあの夏の終わりから、今日までたくさんの独りぼっちを味わったけれど、気づかないうちにその空気を忘れていることに驚いていた。［A］僕が、与えられた場所ではなく、歩き出した場所で止まっているからだろう。何もかもを忘れたわけでも、何もかもが消え去ったわけでもないけれど、僕はあのときには知らなかった新しいものにたくさん出会っていた。わけもわからないまま、とにかく歩き出したことが僕の力になった。「できることが目的じゃないよ。やってみることが目的なんだ。」と言った湖山先生の言葉がふいに胸によみがえった。

湖山先生はあのとき、とてもたいせつなことを教えてくれていたのだ。今いる場所から、想像もつかない場所にたどり着くためには、とにかく歩き出さなければならない。自分の(b)シヤや想像の外側にある場所にたどり着くためには、歩き出して、何度も立ち止まって考えて、進み続けなければならない。あの小さな言葉は、僕をこんな①遠い場所に運んでしまった。いつまでも、［B］昨日のようだった過去が、今日はもう遠い出来事のように思える。

もう二年経ったのだ。僕はあの朝の不思議な静けさの中で、ようやく②時の流れを感じていた。【中略】

何も起こってはいないが、何かが起こるのだという異様な緊張感が、会場に(c)漂っていた。巨大で真っ白な壁の前に立つ湖山先生は、全ての音を吸い込むような不思議な静けさをまとっていた。

湖山先生はまるで、僕がいる③ガラスの部屋に立っているようだった。(d)凍てついて真っ白になったその大きな壁の前に湖山先生は僕の代わりに立っているようだった。それは幻覚のようだった。現実に存在する誰かが、自分の心の内側に立っている。［C］巨大な画仙紙《がせんし》※3に向かっている小さな老人が、強烈に自分の心の内側を意識させる。その老人のあまりにも濃い生命感が、僕の心を動かしていた。湖山先生は会場のすべての人をその生命感や人生まで飲み込んでいくようだった。湖山先生は筆を持ち上げた。たった一つの生命のように、同じ感覚の中に飲まれた僕ら観客は、それだけでオーケストラの指揮者がタクトを(e)フり上げたときのように緊張した。そして、筆はフり下ろされた。後は、奇跡と感動と快感の連続だった。【中略】

一歩前に出た湖山先生は、(f)ムゾウサに手を上げると上から下に向かって柔らかに線を引いた。それはただの線であり、ただ墨と筆がなす軌跡だった。だが、間違いなくその筆致《※4ひっち》には一瞬で命が宿っていた。

「蔓《つる》だ。」

僕だけではない会場のすべての人が、［D］数秒で理解した。ムゾウサに引いた線を葡萄《ぶどう》の蔓だと理解した。

大きな葉と、いくつもの実や房、それから枝や茎や樹が、一本の蔓によって次々に結ばれていく。点在していた無数の命が一つの手によって、一個の生命に変っていく。

これまでに描いたいくつもの墨蹟《ぼくせき》が滲《にじ》みながら、乾きながら、たった一つの意志によって繋《つな》がっていく。多くの観客の目と心も一緒に、湖山先生の手によって結ばれていく。僕はそのときになって、［E］湖山先生が僕に、やってみることが大事だということや、自然であることがたいせつだということ、それから絵は(g)絵空事だと言ったのか分かった気がした。

水墨画は確かに形を追うのではない。完成を目指すものでもない。生きているその瞬間を描くことこそが、水墨画の本質なのだ。自分が今その場所に生きている瞬間の輝き、生命に対する深い共感、生きているその瞬間に感謝し(h)サンビし、その喜びがある瞬間に筆致から伝わる。そのとき水墨画は完成する。

「心の内側に宇宙はないのか？」というあの言葉は、こうした表現のための言葉だったのだ。描くこと。形作ることに慣れ過ぎてしまうことで絵師はいつの間にか『描くこと』の④本質から少しずつ遠ざかってしまう。それが見えなくなってしまう。湖山先生は、もしかしたらそのことを伝えたかったのかもしれない。描くことは、こんなにも命といっしょにいることなのだ。無数の命と命が結ばれていくその瞬間の中で、僕も観客も湖山先生も、描かれていくたった一枚の絵によって、線によって結ばれていった。線の時間が終わり、全体の調子を整えるために打っていく点の時間を、僕らはバラードを聴いているときのように⑤名残惜しく感じていた。

湖山先生は筆を置いてこちらを振り返ると、ゆっくりと全体を見まわした後、ほがらかに笑って、深々と礼をした。

小さく響いていた拍手は、まるで何かが爆発したときのように高い音で鳴り響いた。会場の数百人が力の限り手をたたいていた。多くの人は立ち上がり、立ち上がれなかった前列の老人は手を合わせて湖山先生を(i)オガんだ。

(j)バンライの拍手の中、巨大な葡萄の樹を背にして立つ湖山先生は照れ笑いしていた。湖山先生は、とても美しかった。⑥会場は湖山先生を通して、水墨を経験した。僕の心にも、記憶にも湖山先生は同じものを描いた。最も美しいものが生まれる最初の瞬間から、最後の瞬間までを僕らは湖山先生と一緒に経験した。

この拍手は、その喜びを分かち合う歌のようだった。人は描くことで生命に触れることができるのだ。

（砥上裕将《とがみひろまさ》「線は、僕を描く」より。出題のため一部改訂。）

※1　水墨画…筆と墨で濃淡を表現し、塗らずに線で描く絵画
※2　佇む…その場でただ立っていること
※3　画仙紙…水墨画専用の大判の紙のこと
※4　筆致…筆の走らせ方や使い方。タッチ

問1　太線部(a)~(j)の漢字はひらがなに、カタカナは漢字に直しなさい。
(a)（　　）(b)（　　）(c)（　　）(d)（　　）(e)（　　）
(f)（　　）(g)（　　）(h)（　　）(i)（　　）(j)（　　）

問2　空欄 A ~ E に入る最も適切な語を次の中から選び、それぞれ記号で答えなさい。
ア　ただ　イ　たぶん　ウ　まるで　エ　わずか　オ　なぜ
A（　　）B（　　）C（　　）D（　　）E（　　）

問3　傍線部①「遠い」の内容として最も適切なものを次の中から選び、記号で答えなさい。（　　）
ア　とりあえず歩き出して想像の外側へいく道のり
イ　水墨画の初心者から水墨画家への道のり
ウ　二年の歳月を過ごした道のり
エ　自分の心の内側から宇宙への道のり
オ　家から外に出て大学に行くまでの道のり

問4　傍線部②「時の流れ」とあるが、霜介の時が止まった原因は何か。該当する部分を、傍線部②より前から十字で抜き出しなさい。

問5　傍線部③「ガラスの部屋」と同じ内容を指している語句を、本文中より五~十字以内で抜き出しなさい。

問6　次の文は傍線部④「本質」の内容を説明したものである。空欄【ア】を漢字一文字で埋めなさい。（　　）
【ア】と共にあること。

問7　傍線部⑤「名残惜しく」と最も似た意味を持つ語句を次の中から選び、記号で答えなさい。（　　）
ア　執着　イ　残り香　ウ　魅了　エ　陶酔　オ　未練

問8　傍線部⑥「会場は湖山先生を通して、水墨を経験した」の内容として正しいものを、次の中から二つ選び、記号で答えなさい。（　　）（　　）
ア　湖山先生が巨匠なのに親しみやすいので、皆が自分でも描けそうだという気分になれた。
イ　湖山先生の作品が、誰もがすぐ理解できる絵だったので、会場が水墨画を身近に感じた。
ウ　会場の人は水墨画を書く所に初めて立ち会うので、体験した気分になった。
エ　作品の素晴らしさに誰もが感動したことで、筆を通してその場にいる人に一体感が出た。
オ　湖山先生の腕前が、絵を通して会場一人一人を作品に巻き込むレベルのものだった。

問9　本文の内容と表現の説明として最も適切なものを、次の中から選び、記号で答えなさい。（　　）
ア　登場人物の心情が直接的な会話の重なりから表現され、水墨画をリアルに説明することで、湖山の偉大さが明確に伝わるよう工夫されている。
イ　過去と現在が入り混じっていることから主人公の複雑な心情が伝わり、場面によって他の登場人物の視点を通すことでその複雑さが強調されている。

ウ　場面の状況や人物の心情が比喩表現を重ねて表現されており、その心の変化の過程が最初から最後まで主人公の視点を通して描かれている。

エ　「湖山先生」の連呼により、この老人の主人公への影響力を示す一方で、「小さな老人」などから湖山の寿命が短いことを主人公が推測していると解る。

オ　「筆致」「画仙紙」などの専門用語が水墨画の奥深さを伝え、青山と湖山以外は名前もなく「観客」と示されており、素人はそれをなかなか理解出来ないことが解る。

問10　次のア～オより霜介が湖山先生から学んだこととして間違っているものを一つ選び、記号で答えなさい。（　　）

ア　水墨画の本質とは、描く生命に感謝し、生の喜びを表現することである。

イ　水墨画の目的とは、誰もが認める腕前になるまでやってみることである。

ウ　知らないことでも場所でも、とにかくやってみて、進み続けることが必要である。

エ　水墨画は絵空事である。

オ　形を追い続けて、描くことに集中すると水墨画の大切な所から遠ざかる。

10　次の文章を読んで、後の各問いに答えなさい。字数制限のあるものは、原則として句読点も一字に数えます（指示のあるものは除く）。

（奈良文化高）

【中学三年生の本庄《ほんじょう》みさとは放送部の部員で、転校生の真野葉月《まのはづき》とは同じクラスである。ある日、葉月に関わる騒ぎが起こり、みさとを含むクラスメイトは、その後の様子をうかがっていた。】

つぎの日、学校に行くと、葉月が※古権沢《ここざわ》先生に呼びだされていた。葉月は、黙って席を立ち教室を出ていく。呼びだされたのが、会議室でなくもう少し深刻な指導室らしいというので、クラス内がわずかにざわめいた。みさとも驚きとともにその後ろ姿を見送る。いつもひとりでいることを除けば、葉月は授業態度も成績もまったく(1)問題ないはずだった。それが、なんだって呼びだされたりするのだろう。

※亜美たちが、教室のすみでひそひそとささやき交わしていた。

葉月に正面切って「ブス」と言われて以来、亜美は以前よりずっとおとなしくなった。もちろん、あいかわらずだれかれとなく相手を見つけては陰口をたたいたりしていたが、これまでのような①ボウジャク無人さは鳴りを潜めていた。再び葉月に同じことを言われるのを恐れているのだと思う。もっとも、みさとがもし同じ目にあっていたら、ショックのあまり立ちなおれなくなっていただろうから、(2)やっぱり、亜美は亜美なのだった。

「――アケ中の……が」

「――校生も……ってたか……」

(3)かすかに聞こえてくる会話に耳をそばだてていると、※新納《にいの》がやってきて机にどさりとかばんを載せた。なにか知っているかと、さりげなく葉月のことを聞いてみると、新納は困ったような顔で窓の外に目をやった。

「うーん、おれにもよくわかんないんだけど……」

と歯切れが悪い。みさとがじっと待っていると、新納はしばらく迷ったのち口を開いた。

「これは、おれも三田村とかから聞いた話なんだけど」

前置きして、話しだす。

「――なんか、真野のことがほかの学校にも広まっちゃって、その、すごいきれいな子がいるっていうんで、アケ中とか豊中《とよちゅう》とか、よその連中がわざわざ見に来てるとかって……」

「へえ」

驚いたけれど、納得もした。葉月の容姿なら、それも有りうる。それよりみさとの耳は、さりげなく発された「きれいな子」という言葉を(2)敏感にとらえていた。

「しかも、だんだんエスカレートして、とうとううちの生徒のふりして校内にまで入ってきてた、って。昨日それがばれて大騒ぎになったとかで」

「えっ」

【A】聞けば、わざわざ卒業生にジャージを借りて、放課後それを着て入りこんでいたらしい。他校の中学生ばかりでなく、すでに卒業したはずの高校生たちまでこっそり(3)シンニュウしていたというから、あきれた話だ。不審者対策にはどこの学校も X を痛めているはずなので、問題視されるのも(i)無理はない。

「でも、だからって、真野さんはなにも(ii)悪くないじゃない?」

(4)急に葉月が気の毒に思えた。事情を聞かれているだけかもしれないが、やっぱり理不尽だ。

「……それはそうだけど、でも、学校って、必ずしもそう思ってくれるとは(iii)限らないだろ」

なにが問題かじゃなくて、問題になることが問題なんだ。そう言って新納は前を向いた。

その後、教室に戻ってきた葉月は終始無言だった。(5)それはいつもと変わらないのだが、やっぱりどこか沈んで見えた。

まさか、叱《しか》られたのだろうか。そんなばかな。葉月はなにも悪いことはして(iv)いない。

古権沢のあの顔と声で恫喝《どうかつ》されれば、いちばん手に負えない男子でも(4)イッシュン身をすくませる。葉月は本当に大丈夫だったろうか。

背中で後ろの席を気にしながらも、ふりかえって声をかけることはできなかった。

休み時間になると、葉月は席を立って教室を出ていった。みさとはイッシュン迷ったあと、自分も席を立った。よほど足早に行ってしまったのか、廊下に葉月の姿は見あたらなかった。あちこち捜《さが》して、ようやく、校舎裏の銀杏《いちょう》の木の下に立っているのを見つけた。

【B】葉月はこちらに背を向け、うつむきぎみに立っていた。

そのとき、葉月が、いつかのようにすうっと大きく息を吸いこんだ。

【C】みさとはとっさに周囲を見まわす。あたりに人影はなかった。葉月は深く吸いこんだまま、しばらく息を止めていたかと思うと、また、ふーっと長く吐きだした。寄りかかるように木の(5)幹に手を置く。と、ふいにその手を離して、ばしっ、と木の表面をたたいた。だれかの顔をひっぱたいているみたいだった。ばし、ばしっ、としだいに音が大きくなっていく。ああ、あんなにたたいたら、手を痛めてしまう。はらはらしながら見ていると、葉月が片脚を後ろへ大きくふりあげた。

「真野さん」

葉月の脚が幹の手前でぴたりと止まる。いまにも蹴《け》りつけようとしていた脚をゆっくりと地面に下ろし、(6)そろそろとふりかえった。かみつきそうな目をしていた。

「放送室、使う?」

できるだけふつうの口調で言った。(7)本当は、アナウンスの前みたいに心臓がどきどきしていた。

【D】葉月は、しばらくのあいだきつい目でみさとをにらみつけていたが、やがてふいと目をそらしてこくりとうなずいた。

職員室に鍵《かぎ》を取りに行くと、ドアのところで須貝《すがい》※先生に会った。なにかの資料なのか、本やファイルを山のように抱えている。

「あれ、本庄さん、放送室になにか用?」

不思議そうに聞かれて、ちょっと忘れ物です、とごまかしておいた。

防音室の鍵を開けてやると、葉月はドアの前でためらうように立ちどまっている。

「わたしはこっちで原稿書いてるから。帰るときは言って」

みさとがテーブルに用紙を広げると、葉月はうなずいて小部屋のなかへ消えていった。重いドアが閉まり、放送室は静けさに包まれた。

遠くで生徒たちの声がする。みさとは、原稿用紙を前に、新しく始まるお昼の放送のためのアイディアを出そうと頭をひねった。けれど、隣の小部屋が気になって集中できない。葉月は今、あのなかで、なにを吐きだしているのだろう。

しばらくたって、そっと防音室のドアが開いた。葉月の顔がわずかに赤い。(8)みさとはできるだけ平気な顔をしていた。

「用が済んだら、先に行ってて。わたしはもうちょっと作業していくから。お昼の放送のプログラム、今週中に考えないといけなくて」

葉月はテーブルの上の用紙に目をやり、

「わかった」

とうなずくと、静かに部屋から出て行った。

(市川朔久子「ABC!　曙《あけぼの》第二中学校放送部」より)

(※注釈)

古権沢先生…みさとの担任兼生徒指導担当の先生。

亜美…みさとのクラスメイト。お昼の校内放送に失敗をしたみさとをからかい、葉月にののしられたことがある。

新納…みさとのクラスメイト。

須貝先生…放送部の顧問。

一、傍線部①～⑤のカタカナを漢字に直し、漢字は読みをひらがなで書きなさい。

①(　　)　②(　　)　③(　　)　④(　　)　⑤(　　)

二、傍線部(1)「問題ない」の「ない」と同じ働きのものが含まれている部分を、本文中の(i)～(iv)の中から一つ選び、その記号を書きなさい。

(　　)

三、傍線部(2)「やっぱり、亜美は亜美なのだった」とあるが、みさとは亜美を、どのような人物だと認識しているのか。最も適当なものを次から一つ選び、その記号を書きなさい。(　　)

ア　感情的になったとしても、相手の意見に耳を傾けようとする人物。

イ　ショックを受けたとしても、それを悟られないように心がける人物。

ウ　落ち込むことがあっても、自分のことを深く省みようとはしない人物。

エ　びっくりすることがあっても、教室で騒ぎ立てようとしない人物。

四、傍線部(3)「かすかに聞こえてくる会話に耳をそばだてている」とあるが、みさとが「耳をそばだてている」理由を、本文中のことばを用いて書きなさい。

(　　)

五、X に入る体の部分を表す語を、漢字一字で書きなさい。（　　）

六、傍線部(4)「急に葉月が気の毒に思えた」とあるが、みさとが「気の毒」だと思った理由として最も適当なものを次から一つ選び、その記号を書きなさい。（　　）

ア　亜美たちが葉月の容姿をねたみ、葉月の悪口を学校中に広めてしまったから。

イ　他校の生徒が葉月を呼び出したことで、葉月が先生に叱られてしまったから。

ウ　新納が教室で葉月の話をしたせいで、葉月が不審者扱いされてしまったから。

エ　葉月が何かした訳ではないのに、葉月の存在が問題視されてしまったから。

七、傍線部(5)「それはいつもと変わらない」とあるが、葉月は普段学校でどのように過ごしているか。本文中のことばを用いて二十字以内で書きなさい。

八、傍線部(6)「そろそろと」と同じ性質の語を含む文を次から一つ選び、その記号を書きなさい。（　　）

ア　猫がごろごろとのどを鳴らしている。

イ　台風で窓ががたがたと動いている。

ウ　夜空に星がきらきらと光っている。

エ　今日は雨がざあざあと降り続いている。

九、傍線部(7)「本当は、アナウンスの前みたいに心臓がどきどきしていた」とあるが、その理由として最も適当なものを次から一つ選び、その記号を書きなさい。（　　）

ア　感情をあらわにする葉月が、自分の提案に応じてくれるか不安だったから。

イ　かみつきそうな目をする葉月に、アナウンスの指摘をされるかと思うと怖かったから。

ウ　放送室の利用目的を、須貝先生にばれないようにしたくて緊張していたから。

エ　葉月と放送室で話ができることを想像すると、うれしくなってきたから。

十、次の一文は、本文中の【A】～【D】の中に入る。最も適当な箇所を選び、その記号を書きなさい。（　　）

まずい。

十一、傍線部(8)「みさとはできるだけ平気な顔をしていた」とあるが、その理由として不適当なものを次から一つ選び、その記号を書きなさい。（　　）

ア　葉月が、放送部員ではないにもかかわらず防音室を利用したことを、気にしてはいけないと思ったから。

イ　お昼の放送プログラムの内容を、葉月には分からないようにしておこうと決めていたから。

ウ　葉月の防音室での過ごし方を探ろうとすると、葉月が不快に思うかもしれないと心配したから。

エ　自分の活動のついでに防音室を利用したことにすれば、葉月の気が楽になると考えたから。

(2) 随筆

1 次の文章を読んで、あとの問いに答えなさい。答えの字数が指定されている問題は、**句読点や「　」などの符号も一字に数えなさい。**
（大阪府）

海のそばに居る。

町から少し離れているせいか、車の音もほとんどない。耳に届いてくるのは終わりのない波の音だけ。大きく砂浜に打ち寄せる波音や、しのび足のように小さな波音が、いろんな組み合わせとなってあたりを満たし続ける。波の音がずっとし続けているので、山奥で夜中に経験する真っ暗闇のような静けさになることはない。なのに、人間の身体は不思議なもので、すぐにその音が在ることに慣れてしまう。そして、その波音を心地よいものとして身体が受け入れる。冷静に考えれば、結構うるさいほどの音量なのに。きっとそれは波音が自然な音だからだろう、と①夜中に一人で窓から海を見ていて思った。同じぐらいの音量で、もしも車のエンジン音だったり、工事中の機械の出す音だったら、次第にそれはかなりのストレスとなるだろう。私は都会が嫌いなわけじゃないけれど、夜中に波の音を聴きながら「ああ、こういうことが人間にとっては必要な、大事なことなんだなぁ」とつくづく思った。

どんなに便利な社会や街に住んでいようと、人間はやっぱり動物で、地球という星の生物だ。だから自分たちがこの星の生物である限り、この星が創り出す音や景色にふれていることは、思いのほか大切なことなんだろう、と感じた。[②]、空いている時間を使って、近くの（少し遠くても）海や丘や山へ、足を伸ばすこと。夕方でも夜中でも明け方でもいい。何も目的がなかったとしても、その風景の中でぼーっとするだけでもいい。自然が創りだす音やにおいや風景の中に自分をほんの少し浸してあげることで、いろんなことがずいぶん変わるような気がする。そうやって自分の中に広さや豊かさを持つことが、さまざまなポジティブなことをもたらしてくれるかもしれない。そういえば、都会に住んでいて時々息が苦しくなるような、気が付かないうちに呼吸が浅くなっているようなことがある。そういう時は、身体が信号を出しているのかもしれない。[A]

こうしてこれを書いている間も波の音が止《や》まない。[B]

そして波の音が部屋を満たし続けているのに、私の心はいまとても静かで穏やかだ。[C]気がつけば、胸の奥まで染《し》み入るような深い呼吸をしている。少しばかり寝不足でも、身体が隅々まで元気になってゆくのがわかる。海や山や川――自然はとてもうつくしくて、力強い。

こんなにきれいな星に住んでいることに、あらためて感謝したくなった。

（小澤征良「そら　いろいろ」より）

1　①夜中に一人で窓から海を見ていて思ったとあるが、本文中で筆者は、夜中に海を見ていてどのようなことを思ったと述べているか。その内容についてまとめた次の文の[a]に入る内容を、本文中のことばを使って**十字以上、十五字以内**で書きなさい。また、[b]に入れるのに最も適しているひとつづきのことばを、本文中から**四字**で抜き出しなさい。　a［　　　　］　b［　　　　］

結構うるさいほどの音量であっても、人間の身体があたりを満たし続ける波音に慣れて、それを[a]のは、波音が[b]であるからだろうということ。

2　次のうち、本文中の[②]に入れるのに最も適していることばはどれか。一つ選び、記号を○で囲みなさい。（ア　イ　ウ）

ア　たとえば　　イ　ところで　　ウ　しかし

3　本文中には次の一文が入る。入る場所として最も適しているものを本文中の A ～ C から一つ選び、記号を○で囲みなさい。（ A　B　C ）

そろそろ何でもいいから自然の音が聴きたい、自然がある場所に行きたいよ、と。

4　地球が創り出す音や景色にふれることについて、本文中で筆者が述べている内容を次のようにまとめた。□に入れるのに最も適しているひとつづきのことばを、本文中から**九字**で抜き出しなさい。

□□□□□□□□□

地球が創り出す音や景色にふれ、自分の中に□ことは、心が穏やかになり、身体が元気になってゆくなど、さまざまなポジティブなことをもたらしてくれるかもしれない。

2　次の文章を読んで、後の問いに答えなさい。ただし、抜き出しはすべて句読点を含む。　（英真学園高）

文字にすると「ツツピー、ツツピー」と書くらしい。シジュウカラの①さえずりである。その弾むような声を聞くことが毎朝の楽しみになった。運がよければ、胸にネクタイ模様のある小さな姿を、電線の上に見ることもできる▼鳥はもちろん人間の耳を楽しませるためにさえずっているのではなく、縄張りの誇示、そして異性への求愛のためである。それ以外の時の鳴き声は「地鳴き」という地味な名前があてがわれており、多くの鳥の②その声はなるほど地味である▼求愛行動が造形美の域に達している鳥のことを、ストリッカー著『鳥の不思議な生活』で読んだ。オーストラリアなどに生息するニワシドリは、小枝で小屋のようなaコウ造物をつくり、その③できばえでメスを誘う。貝殻《かいがら》や木の実、ガラスのかけらなどで飾り付けをして▼制作現場に出くわした著者によると、この鳥は自分の作品をさまざまな角度から眺め、ときたまクチバシでつついていたという。 A 画家がミスの手直しをするかのように。「芸術を人間だけのものにするのは無理がありすぎる」と著者は記す▼鳥のさえずりも、昔から歌や音楽にたとえられてきた。④パブロ・ピカソが反語的に、こんな言葉を残している。「誰もが芸術を頭で理解しようとする。ではなぜ鳥の歌を聞くときには、そうしないのか」。芸術も、自然界の美も、理屈を抜きにして愛されるべきではないかと▼身近な音楽家をさがして、にわかbタン鳥家になるのも悪くない。16日まで愛鳥週間。

（「天声人語」〈「朝日新聞」二〇二〇年五月十三日付〉より）

問一　波線a・bと同じ漢字を含む熟語として最も適切なものを次の中からそれぞれ選び、記号で答えなさい。

a 「コウ造」（　　）

ア　コウ堂　　イ　コウ園　　ウ　コウ想　　エ　コウ悔

b 「タン鳥」（　　）

ア　タン任　　イ　タン純　　ウ　タン気　　エ　タン検

問二　次の傍線の語句の品詞名は何か。最も適切なものをそれぞれ選び、記号で答えなさい。①（　　）②（　　）③（　　）

①「ツツピー、ツツピー」と書くらしい。

② その弾むような声を聞くことが毎朝の楽しみになった。

③ 多くの鳥のその声はなるほど地味である。

ア　動詞　　イ　形容詞　　ウ　名詞

エ　接続詞　　オ　助動詞

問三　傍線①「さえずり」とあるが、鳥がさえずる理由を文中から二十字以内で抜き出して答えなさい。

問四　傍線②「その声」とは何を指すか。文中から抜き出して答えなさい。
（　　　　）

問五　傍線③「できばえ」とあるが、ほぼ同じ意味で言い換えている語句を文中から三字で抜き出して答えなさい。

問六　空欄 A にあてはまる語として最も適切なものを選び、記号で答えなさい。（　）

ア　もしも　イ　おそらく　ウ　まるで　エ　かりに

問七　傍線④「パブロ・ピカソが反語的に、こんな言葉を残している」とあるが、パブロ・ピカソはどのようなことを主張しているのか。その内容として最も適切な部分を文中から三十字以内で抜き出し、最初の五字を答えなさい。

（市川高）

3　次の文章を読んで、後の問いに答えなさい。

くよくよしがちな人間である。私は子どものころから欠かさず日記をつけているが、3分の1は自己反省である。（ A ）、その反省内容がまったくかわらない。調子に乗りすぎる、はしゃぎすぎてものごとをⓐコチョウして言う、等。（ B ）私は自分の欠点を重々承知しており、承知しているが故にくよくよしており、くよくよと日記に書きつけるがなおらない、ということになる。

70歳近い友人に、話好きな人がいる。1時間ともにいれば1時間ぶん、一晩いれば一晩だって、しゃべっている。何についてかといえば、自分について。自分はこういう人間で、こういう体験があり、こういうⓑブユウデンを持ち、こういう失敗もする。延々話す。話しながら「時間平気？」「ごめん、自分のことばっかり話して」などと差し挟むので、①この人も、わかっているのだと思う。自分について話しだしたら止められないそのことが、もうずっとなおらない自身の欠点であると。

70年近く、よくまだ話すことがあるよなと感心するが、私もきっとハタから見れば、40年以上、よくまだ調子に乗ってはくよくよしているよなと思われるだろう。欠点は、②そうかんたんにはなおらない。反省しても、痛い目を見ても。そのことを、何より私と友人が証明している。とすると、欠点をなおすことを考えるより、欠点とうまくやることを考えたほうが、生きるのは楽なのではないかと思えてくる。

件の友人であるが、その長話にみんな辟易《へきえき》して近づかないかというとそんなこともなく、彼のⓒシュウイには、その彼の話好きを、呆《あき》れていてもⓓ飽きていても受け入れている人々がちゃんと集まっている。彼らはその長い話を、ときに無視しときに遮り、ときにつっこみを入れときに聞いてみたり、している。いってみれば、彼らは③長い時間かけて淘汰《とうた》された真の友人なのである。何に淘汰されたかと言えば、時間ではなく、彼の欠点に、だと私は思う。

人と人が関係を結ぶときは、もしかしたら美点によってかもしれない。けれどその関係を深めていくのは、美点ではなく欠点なのではなかろうか。

（ C ）、私たちが人間くささを感じるのは、どういうわけだか美点ではなく欠点である。すごく親しい人をだれかに説明するとき、たとえば母親を友人に説明する場合、「おおらかでお人好し」と美点を言うより「がさつでモロおばさん」というような言い方をする。当然ⓔ照れもあるが、そのほうが本人の人間くさい在りようが伝わりやすい気もする。そうしてハタからすれば、「おおらかでお人好し」と「がさつでモロおばさん」

は、プラスマイナスの関係ではなくじつはコインの裏表だったり、するのである。

（角田光代「欠点のマナー」より）

問一　文中傍線部ⓐ～ⓔのカタカナは漢字に、漢字はひらがなに直しなさい。

ⓐ（　　）ⓑ（　　）ⓒ（　　）ⓓ（　　）ⓔ（　　）

問二　文中空欄部A・B・Cに入る最も適当な言葉を次の中から一つずつ選び、記号で答えなさい。A（　　）B（　　）C（　　）

ア　また　イ　たとえば　ウ　しかも

エ　だから　オ　つまり

問三　文中傍線部①「この人も、わかっているのだと思う」とあるが、どういうことを「わかっている」のか。本文から十字で抜き出して答えなさい。なお、必要があれば句読点も一字として数えること。

問四　文中傍線部②「そうかんたんにはならない」とあるが、「私」の欠点を本文から十五字以内で抜き出して答えなさい。なお、必要があれば句読点も一字として数えること。

問五　文中傍線部③「長い時間かけて淘汰《とうた》された真の友人なのである」とあるが、どういった点で「真の友人」と言えるのか。その説明として最も適当なものを次の中から一つ選び、記号で答えなさい。

（　　）

ア　欠点をなおすよう「彼」に根気強く注意している点。

イ　「彼」の欠点である長話を真剣に聞いてくれる点。

ウ　欠点も「彼」の一部であるとして受け入れている点。

エ　「彼」の欠点にもよい面があると思っている点。

オ　「彼」が欠点を克服するのを励ましている点。

問六　文中の表現方法として適当でない説明を次の中から一つ選び、記号で答えなさい。（　　）

ア　体言止めを用いて余韻を作りだしている。

イ　省略・倒置を用いて簡潔に表現している。

ウ　会話等にカギ括弧を用いてわかりやすくしている。

エ　語句を繰り返してテンポをよくしている。

オ　句読点を多用して軽快さがでている。

問七　文中の「欠点」の対義語を本文から二字で抜き出して答えなさい。（　　）

4　次の文章を読んで、後の問に答えなさい。字数制限のある問題は、特に指定のない限り句読点を一字と数えて答えるものとする。

（金光藤蔭高）

南極大陸。素晴らしいところだった。

特に2回目に㋐越冬したドーム基地は、平均気温マイナス57℃、越冬時最低気温マイナス79・8℃、標高3800メートルとんでもない場所で、ⓐ幸せなどおよびもつかないところであったが、1年数か月過ごしてみると、意外なことに十分幸せだった。

［A］、オーロラをはじめとした、今まで見たことのない自然㋑カンキョウは、幸せというより「すげえなあ」と①カンシンすることのほうが②アットウ的に多く、幸福感とは若干《じゃっかん》違った。

［B］なぜ幸せだったのか。

それは日本全国から集まってきた隊員たちとの日々の交流。これが自分を幸せにいざなってくれた大きな理由である。

日本全国から集まってきた南極観測隊員は、とにかく全員が超③ポジティブ。まずはやってみようの雰囲気に満ちあふれていた。失敗したらどうする？　責任は誰がとる？　なんて語句は死語。雪の中は意外と暖かく、寒さから逃れるには㋒ゼッコウのエリアなのでは？　という提案には、数人がスコップを持ち出し、提案者のドクターを雪に埋めた。

［C］、低体温症でドクターが気絶し、雪氷の科学者の「雪の温度はこのあたりだとマイナス55℃平均だよ」という一言で、あわてて掘り出すことになったが。

自分の提案したことが即採用され、作業が始まるということは、ⓑはっきり言って幸福である。

何でも前向き・即実行という人たちと暮らしていると、高揚感＝［Ⅰ］が身を包み、日本に帰ったら④こんな連中とは二度と会わないだろうと思うと、何とも言えない㋓喪失感が身を包んだ。

［D］、帰国して十数年、何ということもない日をダラダラと過ごしていた。

そんなある日、長期間保存できると南極に持ち込んだ豆腐が〝㋔常温で7か月保存可能〟にリニューアルされ、その料理の開発にⓒ携わることになった。

⑤あまりピンとこないかもしれないが、7か月ももつ豆腐というのは「常温でもとけないアイスクリーム」「缶詰に入った刺身」と同じくらいの㋕キセキだ。

南極に持っていく豆腐を探し回って街の牛乳屋でこれを見つけたときは、文字通り飛び上がって喜んだ。おかげで南極生活の最後まで、ⓓおいしい豆腐を味わうことができた。

迎えた料理の撮影日、現れたメーカーの人たちⓔは、全員が不思議な活気に満ちあふれていた。今後の打ち合わせをしていても、「失敗してもOK！　やってみましょう！」と、やる気満々、⑥なんでも受け入れます状態だった。

⑦どこかで見た顔だぞ？　なんと観測隊と同じ空気をただよわせているのである。

またこんな人たちと仕事ができる。その瞬間、我が身が何とも言えない幸福感に包まれるのが実感された。

（西村　淳「何でも前向き・即実行」〈「JAF MATE」二〇二〇年十月号所収〉より）

※問題作成の都合上、本文を一部省略してあります。

問一　傍線部㋐～㋕の漢字はひらがなに、カタカナは漢字に直しなさい。

㋐（　　）㋑（　　）㋒（　　）㋓（　　）㋔（　　）
㋕（　　）

問二　傍線部ⓐ～ⓔの語句の品詞を次の中からそれぞれ選び、記号で答えなさい。

ⓐ（　　）ⓑ（　　）ⓒ（　　）ⓓ（　　）ⓔ（　　）

ア　名詞　イ　形容詞　ウ　助詞
エ　動詞　オ　副詞

問三　傍線部①、②を漢字に直したとき、正しいものをそれぞれ選び、記号で答えなさい。

①（　　）②（　　）

①　ア　関心　イ　感心　ウ　歓心　エ　寒心
②　ア　圧倒　イ　圧統　ウ　圧到　エ　圧当

問四　空欄［A］～［D］に入る語を次の中からそれぞれ選び、記号で答えなさい。

A（　　）B（　　）C（　　）D（　　）

ア　では　イ　もっとも　ウ　実際

エ　結局　オ　しかし

問五　傍線部③の意味として適当なものを次の中から一つ選び、記号で答えなさい。（　　）

ア　革新的なさま　イ　消極的なさま　ウ　画一的なさま

エ　積極的なさま　オ　個性的なさま

問六　空欄 I に当てはまる語句を本文中より抜き出して答えなさい。（　　）

問七　傍線部④とはどういう人たちを指すか、本文中より十六字で抜き出して答えなさい。

問八　傍線部⑤のように言っているのはなぜか、適当なものを次の中から一つ選び、記号で答えなさい。（　　）

ア　一般人が豆腐は保存方法によっては7か月もつと知っているから。

イ　一般人はそもそも豆腐を長期保存しようと思わないから。

ウ　一般人は普段あまりおいしくない豆腐を食べているから。

エ　一般人は豆腐を探し回って見つけた喜びを知らないから。

問九　傍線部⑥について、観測隊の空気の中で同じ内容を表している部分を、本文中より十三字で抜き出して答えなさい。

問十　傍線部⑦とはどこか、本文中より四字で抜き出して答えなさい。

問十一　本文の内容に合うものを次の中から二つ選び、記号で答えなさい。（　　）（　　）

ア　作者は北極でたくさんの貴重な体験をした。

イ　作者はドクターを雪に埋めて失神させたことについて深く反省している。

ウ　作者は失敗のリスクや責任の所在について、そんなものは全く考える必要はないと思っている。

エ　作者は何に対しても前向きに取り組む仲間といることを幸福に感じている。

オ　作者は南極から帰国して喪失感を味わい、十年以上も前向きな生活をしなかった。

カ　作者は「失敗してもOK」という考えに同調しながらも、その無責任さに対して不満に思っている。

（四條畷学園高）

5　次の文章を読んで、後の問いに答えなさい（設問の都合上、表記を改めた部分がある。また、句読点等文章記号は一字と数える）。

「スッバラシイー！」

チェリストのロストロポーヴィッチは、日本に滞在中この言葉を連発する。大好物の鯛《たい》の兜煮《かぶとに》を頬張《ほおば》った瞬間にも、親しい友人に久しぶりに再会した時にも、共演するオーケストラとのリハーサルがアジュンチョウに進んでいる最中にも、ふと目にした美しいイフウケイに心奪われた折にも、この上なく幸せという表情を湛《たた》えて叫ぶ。

「スッバラシイー！」

ことの I は、もう、かれこれ一五年ほど前になる。ヤマハ音楽教室の生徒さんたちが作曲した作品を審査している時のこと。三日間にわたって、のべ一五〇点以上の作品演奏に立ち会い、審査する。肉体的にもウセイシン的にもかなりハードで、通訳をつとめたわたしにとっては、最後の一日は地獄だった。ところが、世界的名声を誇る音楽家は、すべての作品に［A］を込めて聴き入り、幼い作曲家たちにまるで大音楽家に対するように接し、丁寧に厳しくコメントしていく。それでいて、あくまでも、子供を励ます姿勢を貫いていた。

　最初の五曲ぐらいまでは、すべてのコメントをロシア語で述べて、それをわたしが通訳するという形をとっていたのだが、六曲目を聴き終えた時点で、※マエストロはいきなり、「スッバラシイー！」と叫び、以後、コメントの中に頻繁にこの語を差し挟むようになった。一日目の日程が終了した時点で、こちらから尋ねようとしたら、マエストロに［B］。

「①実に便利な言葉だね、スッバラシイーってのは」

「はあ？」

「だって、米原《よねはら》さんは、僕がadmirableと言っても、amazingと言っても、braveと言っても、brilliantと言っても、excellentと言っても、fineと言っても、fantasticと言っても、gloriousと言っても、magnificentと言っても、marvelousと言っても、niceと言っても、remarkableと言っても、splendidと言っても、wonderfulと言っても、必ずスッバラシイーと転換しているんだもの。いやでも覚えてしまうよ」（ロストロポーヴィッチは、もちろん、②「素晴らしい」を意味するロシア語の単語を羅列したのだが、この一文を読まれる大多数の方々には分かりにくいのではという老婆心から、該当する英語の単語に置き換えた）

　部屋に戻ってから、辞書を引くと、ロシア語でも英語でも、「素晴らしい」と解釈できる形容詞が、彼が列挙した分のさらに五倍はある。それでも足りないらしく、貶《けな》し言葉を［Ⅱ］的に使って褒め言葉に転用している。ということは、それぞれ微妙なニュアンスがあって、使い分けられているのだろう。彼らは、何かに感心感嘆しつつも、その感情を呼び起こした対象を誉《ほ》め称《たた》えるのに、最も相応《ふさわ》しい形容詞をこの豊富な語彙《ごい》の中から、選び取る作業を大わらわでしているはずなのである。感動が嘘《うそ》偽りないものだと、自分と他人を納得させようと必死な感じさえする。極めて緊張した人間関係がかいま見える。恐ろしいことに、こんなときに思わず口走る形容詞の選択肢の豊かさ、使用法の的確さに、感嘆した当人の教養、感受性がかいま見えるものだと、考えられているらしい。

　それで当初、わたしも、いちいち、「輝かしい」だの「驚嘆すべき」だの「まるで魔法のよう」だのとニュアンスをエチュウジツに伝えるべく日本語に置き換えていたのだが、ひどく気恥ずかしい。不自然な、つまり嘘っぽい表現になってしまう。

　何しろ、『枕草子《まくらのそうし》』の頃から、心を揺さぶられたおりの多様なニュアンスを、「あはれ」の一言で括《くく》ってきた伝統が、わたしたちの［Ⅲ］中枢に息づいている。若いお嬢さんたちが、【X】のも、清少納言《せいしょうなごん》のオエンチョウ線上で捉《とら》えれば、眉ひそめるのも躊躇《ためら》われてくる。

　というわけで、解決法、いまだに発見できず。日本人スピーカーが「素晴らしい」という語を発する度に、身構える毎日である。

（米原万里「心臓に毛が生えている理由」より）

※マエストロ……大音楽家を意味するイタリア語で、ここではロシア人チェリストのロストロポーヴィッチを指す

問一　～～線ア～オのカタカナを漢字に直せ。

ア（　　）イ（　　）ウ（　　）エ（　　）オ（　　）

問二　［A］、［B］に入る最も適当な語を次の中からそれぞれ一つ選んで、記号で答えよ。A（　　）B（　　）

A　ア　森羅万象　イ　有象無象　ウ　喜色満面

エ　全身全霊　　オ　一期一会

B　ア　不意を突かれた　　イ　目を奪われた

ウ　鼻をあかされた　　エ　あげ足をとられた

オ　先手を打たれた

問三　Ⅰ 〜 Ⅲ に入る最も適当な語を次の中からそれぞれ一つ選んで、記号で答えよ。Ⅰ（　）Ⅱ（　）Ⅲ（　）

ア　発端　　イ　顚末《てんまつ》　　ウ　原初　　エ　反語

オ　隠語　　カ　縁語　　キ　言語

問四　——線①「実に便利な言葉だね、スッバラシイーってのは」について、ロストロポーヴィッチがこのようにいう理由を、次の文の空欄に合うように四十字以内で答えよ。

ロストロポーヴィッチがロシア語で様々な表現をしているのに、筆者は 四十字 から。

問五　——線②「『素晴らしい』を意味するロシア語の単語を羅列した」について、ロストロポーヴィッチがこのようにたくさんの形容詞を使い分けていた理由として不適切なものを次の中から一つ選んで、記号で答えよ。（　）

ア　ロシア語には「素晴らしい」を意味する単語が豊富にあるのに、それを一つの単語で表現するとひどく気恥ずかしく嘘っぽい表現になるから。

イ　ロシア語では、対象を誉め称える表現の豊かさや、その使用法の的確さに当人の教養や感受性がかいま見えるものと考えられるから。

ウ　ロシア語では、さまざまなニュアンスの褒め言葉を使い分けて自分の感動が嘘偽りのないものだと、相手に納得してもらおうとするから。

エ　ロシア語が豊富な語彙から言葉を選び取って対象を称えるのは、きわめて緊張した人間関係があるように思われるから。

オ　ロシア語の「素晴らしい」を意味する形容詞には、それぞれ微妙なニュアンスがあって場面に応じて使い分けられていると考えられるから。

問六　【X】に入る文として最も適当なものを次の中から一つ選んで、記号で答えよ。（　）

ア　好ましいモノすべてを、「カワイイ」の一言で片付けている

イ　自分の気持ちをSNS上だけで表現している

ウ　新しい感情を表現するため、新たな流行語を生み出していく

エ　多様で微妙な感情を言葉で表現することができない

オ　『枕草子』をはじめとする古典の名作を、全く読んでいない

問七　次のア〜エについて、本文の内容に合うものは○、合わないものは×の記号で答えよ。

ア　ロストロポーヴィッチは、日本で審査員として滞在する中で、「スッバラシイー!」を多用するようになった。（　）

イ　ロストロポーヴィッチは、多様な形容表現を一言に凝縮して表現する日本語に実に深く感動している。（　）

ウ　外国人の豊富な語彙から言葉を選別する姿勢には、緊張した人間関係がうかがえる。（　）

エ　心を揺さぶる体験をすべて「あはれ」の一言で表現できる日本語の利便性に、筆者は誇りを持っている。（　）

6 次の文章を読んで、後の問いに答えなさい。（芦屋学園高）

　初めて日本の春を体験したのは、昭和二十九年のことだ。当時、私は京都に住んでいた。市内にある桜の名所に関しては、すでに本を読んである程度の知識を得ていたが、梅の花に関する予備知識は全くなかった。一月に入ってすぐ、私は北野神社に詣《もう》でた。とても寒い日だったが、※1蠟梅《ろうばい》の黄色い花が咲いているのには驚いた。まるで蠟《ろう》を固めて作ったような黄色い花びらは、とても自然が造り出したものとは思えなかった。だが、そのにおいを嗅《か》いだとたん、私は『梅が香』を歌ったたくさんの和歌のことを思い出したのだった。ⓐショウジキなところ、私の嗅覚《きゅうかく》はどちらかというと未発達である。今までに紅梅や白梅の香りに感動して和歌を※2ものしようなどという気持ちになったのは、ただの一度もない。だが、そんな私さえ蠟梅の香りを、(1)えもいわれぬものと思ったのである。香りのことはともかくとして春になって最初に咲くのが慎み深い梅の花であり、もっと賑《にぎ》やかな存在である桃や桜の花でないのは、(2)いかにも理《り》にかなったことではないだろうか。梅の花は、見る者に他の花とは全く異なった印象を与える。第一、枝もたわわに咲き誇ることがない。だから、一つ一つ観賞できる。昨年、私は初めて大阪城の梅林を訪れた。そこで見た多種多様の梅の花は、白淡緑色、濃い紅と、さまざまな色調をⓑオビ、まさに中国画のⓒゼッコウの題材だった。だが、全体としては華々しいというよりはむしろ※3奥ゆかしい感じであり、私は格式という言葉をⓓレンソウしたものである。学者たちが古くから、寒風吹き荒《すさ》ぶなかでみごとに開花する梅の花に(3)なぞらえられてきたのも、うなずけるというものである。(4)人々が梅の木の下で飲んだり踊ったりしないのも、よくわかるような気がする。

　日本の昔の和歌集では、歌は［Ⅰ］の四部から成っている。それぞれの季節の和歌は、草木の生長などの天然現象によって具体的に示される、時の確かな移ろいの順に従って並べられている。「春」の部にまず登場する和歌には、暖かい陽光が冷え切った山肌や地面に降り注ぐときに生ずる、霞《かすみ》に触れているものが多い。霞の次は雪溶けであり、次にその春初めて咲いた梅の花が登場する。もちろん、春の花々の(5)女王格は桜の花だ。桜は確かに美しい。だが、花は開いてから数日しかもたないし、実はあまりおいしいとはいえず、夏には迷惑千万《せんばん》な虫の巣窟《そうくつ》にもなる。桜の木のような※4代物《しろもの》を大変に苦労しⓔサイバイしようとする人は日本人以外にいないだろう。もし、桜の花が梅の花のように※5強靱《きょうじん》でなかなか散らないとしたら、(6)これほど称美されることはなかったのではないだろうか。［Ⅱ］の中で兼好法師は「世は定めなきこそいみじけれ」と書いてある。いつまで咲きつづけるか不確かだからこそ、桜の花は日本人が最も心を奪われる花になったのである。

（ドナルド　キーン「人の匂ひ」より）

※1「蠟梅」＝中国の落葉低木。
※2「ものしよう」＝詩文をつくろう。
※3「奥ゆかしい」＝上品で深みがある様子。
※4「代物」＝その物を低く評価する言い方。
※5「強靱」＝しなやかで強いこと。

問一　――線ⓐ～ⓔのカタカナを漢字に直しなさい。

ⓐ（　　）ⓑ（　　）ⓒ（　　）ⓓ（　　）ⓔ（　　）

問二　――線(1)・(3)の意味として最も適当なものを次から選び、記号で答えなさい。

(1)「えもいわれぬもの」（　　）

ア　不思議なもの　　イ　大切なもの

ウ　奇妙なもの　　エ　すばらしいもの

(3)「なぞらえられて」（　　）

ア　あてにされて　　イ　まちがえられて

ウ　見立てられて　　エ　名をつけられて

問三　——線(2)のように筆者が言った理由として最も適当なものを次から選び、記号で答えなさい。（　　）

ア　最初は多彩な色の花がふさわしいから。

イ　最初は主張しすぎない花がふさわしいから。

ウ　最初は華やかな花がふさわしいから。

エ　最初は香りのよい花がふさわしいから。

問四　——線(4)の理由を文中の言葉を用いて三十字以内で説明しなさい。

問五　［Ⅰ］に入る漢字四字の言葉を答えなさい。

問六　——線(5)はどういう意味のことを言っているか。文中から十三字で抜き出して答えなさい。

問七　——線(6)について、次のA・Bの問いに答えなさい。

A　桜がこれほど称美されるのはなぜか。簡潔に答えなさい。

（　　）

B　称美されるのは桜に何を感じるからか。最も適当なものを次から選び、記号で答えなさい。（　　）

ア　虚無　　イ　無常　　ウ　躍動　　エ　不安

問八　［Ⅱ］に入る文学作品名を次から選び、記号で答えなさい。

ア　源氏物語　　イ　方丈記　　ウ　徒然草　　エ　奥の細道　（　　）

7　次の文章を読んで、後の問いに答えなさい。　**（大阪商大高）**

めずらしいもの、新しいものを発見したいという探究心は、特に男の子にとって、［Ⅰ］な欲求では a ないかと僕は思っています。しかも、ただ見つけるだけじゃなく、その腕を競い合いたくなってしまうのも、ちょっと子どもっぽいところがある①男子ならではの発想かもしれません。

夏合宿のときなど、僕たちは「［Ⅱ］な観察」をしつつも、同時にチョウ採りゲームのようなこともしていました。たとえばどこにでもよくいるキアゲハだったら五ポイント、ちょっと b めずらしいクジャクチョウなら一〇ポイント、そしてあこがれのミヤマカラスだと一〇〇ポイント、というように点数を決め、一日の総ポイント数で競います（ちなみに採ったチョウは、［Ⅲ］に観察してから逃がすというルールです）。【A】

ところがそのゲームの中には、ババ抜きの「ババ」みたいな存在が決まって入ってきていました。正確に言うと、それはチョウでは c なくガで、その名も「イカリモンガ」。モモンガみたいな名前でおもしろいのですが、こいつが、チョウなのかガなのか、すごく d まぎらわしいやつなんです。【B】

みなさんもどこかで聞いたことがあるかと思いますが、チョウとガの見分け方は、止まっているときに翅《はね》を立てているのがチョウ、ペッタリ開いているのはガ、というのが［Ⅳ］です（もちろん、例外は多々あります）。ところがイカリモンガは、チョウのように翅をきれいに立てて止まるくせに、ガなんです。また見た目も、胴体が太めであるとか触角が派手であるとか、ガにはガらしい特徴というのがあるものなのですが、こいつはそういう特徴もあまりなくて、見た目はチョウみたいにスッキリ

しているのです。【C】

だから、飛んでいる姿を見ると、つい［Ｖ］に「見慣れないチョウだ！　新しいやつかもしれｅない！」と判断して、つかまえてしまうんですね。網の中をのぞいてみてすぐ、「なんだ、イカリモンガじゃん！」と分かるのですが……。

僕たちの間では、このイカリモンガをつかまえた人は、罰ゲームで腕立て伏せ五〇回というルールでした。チョウ採りゲームなのに、間違ってガをつかまえたペナルティというわけです。【D】

ところが高校一年生のとき沖縄の離島で、生まれてはじめて、本当に手元の図鑑に載っていないチョウを見つけたことがありました。

［Ⅵ］

その時のときめきや感動は、テレビゲームで言うと、どの攻略本・攻略サイトにも載っていない未知の裏ワザを③偶然見つけてしまった時のよう。「おいおい、②これ、すごいものにめぐり合っちゃったんじゃないの？」「おいおい、もしかして、新種発見なんじゃないの？」――「おいおい」感は、高まっていくばかりです。

それは、中型サイズの褐色《かっしょく》のチョウで、前翅《ぜんし》の前端あたりが妖《あや》しく青紫色に輝いていました。もし新種でなくても、日本ではじめて、あるいはその島ではじめて見つけるチョウなら、報告書のようなものにちょっと名前が残るかもしれません。実際に、観光客もそれほど多くない島でしたし、まだ調査が入っていない可能性はあるなと思いました。

「もしも、これが新種だったりしたら、どうしよう……」。やっぱり、思考回路はつい楽しい方へと向かってしまいます。もしも発見者となれば、学名をつけられる可能性も出てきますので、「どうする？　うちらの名前を入れられたりするのかな？　マスマダラとか名前ついちゃったりして！」なんて、妄想《もうそう》は広がるばかり。後にも先にも、チョウを採っていてあんなに至福《しふく》だった時間はありません。

結局、東京に帰ってから図書館の詳しい図鑑で調べてみたところ、それはツマムラサキマダラという「④迷蝶《めいちょう》」であったことがわかりました。迷蝶というのは、その場所に定着してはいないのですが、台風の風に乗ってくるなど何らかの原因で、たまたまそこにたどり着いた、迷い込んできたチョウということです。

しかもツマムラサキマダラは迷蝶としてわりと有名だったみたいで、文献を見てみても「××年には沖縄でもまとまって目撃された」なんて書いてあったりして、その文章を目にしたときは、もうお腹の一番奥底から、タメ息が出ました。まあ、現実はそんなに甘くはないですよね……。

⑤かくして、桝《ます》少年の淡い夢は、はかなくもはじけて消えたのでした。

ちなみにこのツマムラサキマダラ、最近になって沖縄にも定着傾向にあるようで、今ではもはや迷蝶ですらない扱いのようです。それでも僕にとっては、いまだに強く思い出に残っている、一生忘れられないチョウのひとつです。

（桝　太一「理系アナ桝太一の生物部な毎日」より。問題作成の上で一部改編している。）

問一　本文中の［Ｉ］～［Ｖ］に入るものとして最も適切なものを、次の選択肢ア～オの中からそれぞれ一つ選び、記号で書きなさい。

Ⅰ（　　）　Ⅱ（　　）　Ⅲ（　　）　Ⅳ（　　）　Ⅴ（　　）

ア　一般的　イ　学術的　ウ　基本的
エ　反射的　オ　本能的

問二　傍線部①「男子ならではの発想」とあるが、その内容を「〜という発想。」につながるように本文中から三十字以内で抜き出しなさい。（句読点も一字とします）

［　　　　　　　　　　　　　　　］

［　　　］という発想。

問三　波線部a〜eについて、
(1)　品詞の異なるものを波線部a〜eの中から一つ選び、記号で書きなさい。（　）
(2)　(1)で選んだものの品詞名を次の選択肢ア〜エの中から一つ選び、記号で書きなさい。（　）
ア　動詞　イ　形容詞　ウ　形容動詞　エ　助動詞

問四　傍線部②「これ」とあるが、その指示内容の説明として最も適切なものを、次の選択肢ア〜エの中から一つ選び、記号で書きなさい。（　）
ア　見たことがないチョウ　イ　手元の図鑑
ウ　攻略本・攻略サイト　エ　未知の裏ワザ

問五　傍線部③「偶然」の反対語を次の選択肢ア〜エの中から一つ選び、記号で書きなさい。（　）
ア　突然　イ　必然　ウ　已然　エ　自然

問六　傍線部④「迷蝶」とはどのようなチョウか。「定着」という語句を必ず使用し、三十字以内で書きなさい。（句読点も一字に含みます）

［　　　　　　　　　　　　　　　］

問七　傍線部⑤「かくして」の意味として最も適切なものを、次の選択肢ア〜エの中から一つ選び、記号で書きなさい。（　）
ア　こうして　イ　こっそり
ウ　どうしても　エ　はっきりと

問八　次の一文は本文中の【A】〜【D】のどこかに入ります。最も適切なものを一つ選び、記号で書きなさい。（　）
それなのに、みんな懲《こ》りもせずにつかまえてしまうのは、やはり「見たことがないやつ」への欲求が強かったからだったのでしょう。

問九　本文中［VI］には、次の選択肢ア〜ウの文が入ります。正しい順序になるように並べ替え、記号で書きなさい。
（　→　→　）
ア　つかまえてじっくり眺めてみても、やっぱり見たことがないチョウです。
イ　手元の図鑑を開いて調べても、それっぽいものが見当たりません。
ウ　飛んでいるときから、「やばい！　これは自分の記憶のどの種類にも当てはまらないチョウだぞ……」とドキドキ。

問十　筆者のがっかりした様子を端的に述べた部分を、本文中から二十字で抜き出しなさい。（句読点も一字とします）

［　　　　　　　　　　　　　　　］

五　詩

1　次の詩を読んで後の問に答えなさい。　　　　（箕面学園高）

虹《にじ》　　まど・みちお

ほんとうは
こんな　汚れた空に
①出て下さるはずなど　ないのだった
もしも　ここに
汚した　ちょうほんにんの
人間だけしか住んでいないのだったら

（Ａ）　ここには
何も知らない　ほかの生き物たちが
なんちょう　なんおく　暮《くら》している
どうして　こんなに汚れたのだろうと
②いぶかしげに
自分たちの空を　見あげながら

その　③あどけない目を
ほんの少しでも　くもらせたくないために
ただ　それだけのために
虹は　出て下さっているのだ
あんなにひっそりと　きょうも

問一　この詩の形式を次のア～エから選んで記号で答えなさい。（　　）
ア　口語定型詩　　イ　口語自由詩
ウ　文語定型詩　　エ　文語自由詩

問二　この詩で用いられている表現技法を次のア～エから選んで記号で答えなさい。（　　）
ア　倒置法　　イ　対句法　　ウ　体言止め　　エ　反復法

問三　――部①の主語は何か、詩中より書き抜いて答えなさい。（　　）

問四　（Ａ）に入る語を次のア～エから選んで記号で答えなさい。（　　）
ア　だから　　イ　つまり　　ウ　でも　　エ　たとえば

問五　――部②の語の意味として適当なものを次のア～エから選んで記号で答えなさい。（　　）
ア　楽しそうに　　イ　不安そうに
ウ　さびしそうに　　エ　疑わしそうに

問六　――部③は誰の「目」について述べているか、詩中より八字で書き抜いて答えなさい。［　　　　　　　　］

問七　次のア～オのうち、この詩で表現されている内容として合っているものには○、そうでないものには×を答えなさい。
ア　環境汚染の反省（　　）
イ　文明発展の誇示（　　）
ウ　絶滅動物の保護（　　）
エ　未来への絶望（　　）
オ　大自然への敬意（　　）

2 次のA〜Cの詩について、次の(1)・(2)の問いに答えなさい。（大阪女学院高）

A　素朴な琴

この明るさの中へ
ひとつの素朴な琴をおけば
空の美しさに耐えかね
琴はしづかに鳴りいだすだろう。

B　土

蟻《あり》が
蝶《ちょう》の羽をひいて行く
ああ
ヨットのようだ

C　雪

太郎を眠らせ、太郎の屋根に雪降り積む。
次郎を眠らせ、次郎の屋根に雪降り積む。

(1) 詩に用いられている表現技法を選んで、それぞれ記号で答えなさい。

A（　　）B（　　）C（　　）

ア　体言止め　　イ　擬人法　　ウ　対句
エ　直喩《ゆ》　　オ　倒置法

(2) 詩の説明として最も適当なものをあとから選んで、それぞれ番号で答えなさい。（同じ記号・番号は二度用いない）

A（　　）B（　　）C（　　）

1　自然の営みとして切り取られた光景が、目に浮かぶように想像できる。
2　自然の恵みへのあふれんばかりの喜びを、美しい比喩で表現している。
3　普遍的な人間の営みが、自然の光景とともに民話風に描かれている。
4　生き物すべてに訪れる死の予感が、静かに緊張感をもって描かれている。

3 次の詩を読んで、後の問いに答えなさい。（箕面学園高）

おとなは　さびしがりや　　高田敏子

子どもはなんでも　不思議がります
子どもはなんでも　ききたがります
一りんの花も
小さな服の　小さなボタンも
手にさわって
「これなあに?」
電信柱も　電線にとまっているスズメも
池の金魚も　木の葉の散るのも
不思議がって「あれなあに?」
それで　子どもはいつも　たのしそうです

おとなは　さびしがりやです
なぜ　さびしいのでしょう?
おとなは忘れてしまったのです

[A]を──
なんでもあたりまえになってしまいました

ペンが細長いのもあたりまえ
マッチ箱が四角いのもあたりまえ
マッチ棒の先に円《まる》いぽっちがついているのも
あたりまえ
タバコから煙がでるのもあたりまえ
お皿がまるいのも
オナベが光っているのも
ドアがぱたんと閉まるのも
ぱたんと閉まったドアにノッブがついているのもあたりまえ
コップをたたくと音がするのもあたりまえ
ああ　みんな　[B]になってしまいました

あたりまえになってしまってから
それらはみんな姿を消して
ペンも　マッチも　ドアも　お皿も
すぐ目の前にありながら
いつも手に触っていながら
①みんな姿を消して　見えなくなってしまいました

さびしいおとなたちは
もっとさびしい欲ばりになってゆきます
おナベよりもっと光っているダイヤモンドが欲しくなったり
かわいいマッチ棒より　ロンソンのライターが欲しくなったり
窓から見える空を忘れて　遠い外国の空が見たくなったり

②すぐ目の前にある美しいもの
かわいいもの　素晴らしいものをみんな忘れて
おとなたちは
なにかをいつも欲しがっています
とても　とても　[C]になってゆきます

※ノッブ…ドアを開閉させるための取っ手
※ロンソン…アメリカのライターのブランド

問一　この詩の形式を次のア～エから選んで記号で答えなさい。（　　）

ア　口語自由詩　　イ　口語定型詩
ウ　文語自由詩　　エ　文語定型詩

問二　[A]に入る語句を次のア～エから選んで記号で答えなさい。（　　）

ア　たのしむこと　　イ　不思議がること
ウ　さびしがること　　エ　尋ねたがること

問三　[B]に入る語を詩中より五字で書き抜いて答えなさい。[　　　　　]

問四　＝＝部①「みんな姿を消して　見えなくなってしまいました」とはどういうことか、説明として適当なものを次のア～エから選んで記号で答えなさい。（　　）

ア　何でもかんでもすぐにものを紛失してしまうということ
イ　新しい生活の中でものが必要なくなったということ

ウ　ものを大事にしなくなって常に新しいものに買い換えてしまうということ

エ　興味関心をひくものとして見ることができなくなったということ

問五　＝＝部②「すぐ目の前〜素晴らしいもの」とはどのようなものか、適当なものを次のア〜エから選んで記号で答えなさい。（　　）

ア　特別な日に使うもの　　　イ　価値の高いもの

ウ　日常生活に用いるもの　　エ　世界に一つしかないもの

問六　［C］に入る語を詩中より三字で書き抜いて答えなさい。［　　　］

問七　次のア〜オのうち、詩の内容に合っているものには○、合っていないものには×を答えなさい。

ア　子どもは、身の回りのものに、なんでも興味を示す。（　　）

イ　子どもは、さびしがりやさんである。（　　）

ウ　何にでも興味を示す子どもは、不幸である。（　　）

エ　おとなたちは、かわいいもの素晴らしいものに興味を示さない。（　　）

オ　おとなたちは子どもにくらべて、物欲がない。（　　）

六　古文

1 次の古文を読んで、あとの(1)～(3)に答えなさい。（和歌山県）

やまとうたは《和歌は、》、人の心を種として、万《よろづ》の言の葉とぞなれりける《言葉となったものだ。》。A世の中にある人、ことわざ繁《しげ》きものなれば《関わる事柄やするべきことが多いので、》、心に思ふことを、見るもの聞くものにつけて《託して、》、B言ひ出《い》だせるなり。花に鳴く鶯《うぐひす》、水に住む蛙《かはづ》の声を聞けば《聞くと、》、C生きとし生けるもの、いづれか歌を詠《よ》まざりける。

（「古今和歌集」より）

(1) 文中のA世の中にある人を現代語訳するとき、「人」のあとにどんな助詞を補えばよいですか。次のア～エの中から一つ選び、その記号を書きなさい。（　　）

ア に　イ を　ウ は　エ で

(2) 文中のB言ひ出だせるなりを現代仮名遣いに改め、すべてひらがなで書きなさい。

（　　　　　）

(3) 文中、C生きとし生けるもの、いづれか歌を詠まざりけるとありますが、ここで言おうとしていることはどのようなことですか。その内容として最も適切なものを、次のア～エの中から選び、その記号を書きなさい。（　　）

ア 生きているものはすべて歌を詠むということ。

イ 生きているものはすべて歌を詠まないということ。

ウ 生きているものには歌を詠むものもいるということ。

エ 生きているものには歌を詠まないものもいるということ。

2 次の文章を読んで、後の問いに答えなさい。（姫路女学院高）

雪のおもしろう降りたりし朝、人のがり*言ふべきことありてA文をやるとて、雪のこと何とも言はざりし返りごとに、「この雪いかが見ると、一筆のたまはせぬほどの、1ひがひがしからん*人のB仰せらるること、2聞き入るべきかは。aかへすがへすb口惜しき御心なり」と言ひたりしこそ、cをかしかりしか。

3今は亡き人なれば、かばかりのことも忘れがたし。

（「徒然草」第三十一段より）

* 人のがり＝ある人のもとへ

* ひがひがしからん＝風流を解さない

問一 波線部A・Bの読みを書きなさい。（現代仮名遣いで書くこと。）

A（　　　）B（　　　せ）

問二 次のア～オの中で**間違っているもの**を次の中から一つ選び、記号で答えなさい。（　　）

ア 「文をやる」人と「雪のこと何とも言はざりし」人は同じ人物である。

イ 「一筆のたまはせぬ」人と「今は亡き人」は同じ人物である。

ウ 「ひがひがしからん人」と「仰せらるる」人とは同じ人物である。

エ 「文をやる」人と「今は亡き人」は別の人物である。

オ 「言ひたりし」人と筆者とは別の人物である。

問三 二重傍線部a「かへすがへす」・b「口惜しき（口惜し）」・c「を

かしかり（をかし）」の文中での意味を次の中からそれぞれ一つずつ選び、記号で答えなさい。

a　かへすがへす（　　）

ア　何度も　イ　つくづく　ウ　くれぐれも　エ　かえって

b　口惜し（　　）

ア　悔しい　イ　申し訳ない

ウ　残念な　エ　かわいそうな

c　をかし（　　）

ア　感慨深い　イ　美しい　ウ　不思議だ　エ　変だ

問四　傍線部1「ひがひがしからん」とあるが、返事を返した人がそのように思ったのはなぜか。最も適当なものを次の中から一つ選び、記号で答えなさい。（　　）

ア　朝早くに手紙を出すのは、礼儀知らずだと思ったから。

イ　雪のことを手紙に書いたのに、それに対する返事がなかったから。

ウ　雪を眺めているときに頼みごとをされたので、不快に感じたから。

エ　手紙の中で、雪についてひと言も触れていなかったから。

問五　傍線部2「聞き入るべきかは」には反語が使われています。この部分の意味として最も適当なものを次の中から一つ選び、記号で答えなさい。（　　）

ア　ぜひ聞き入れましょう。

イ　聞き入れることはできません。

ウ　聞き入れなければいけません。

エ　聞き入れてください。

問六　傍線部3「今は亡き人なれば、かばかりのことも忘れがたし」の文には、作者のどのような気持ちが表れているか。最も適当なものを次の中から一つ選び、記号で答えなさい。（　　）

ア　亡き人の、率直な人柄を愛惜する気持ち。

イ　亡き人の、礼儀を重んじる人柄を尊敬する気持ち。

ウ　雪のことで責められたことを恨めしく思う気持ち。

エ　亡き人に謝ることができなかったことを後悔する気持ち。

問七　この作品について書かれた次の文章の空欄1・3・4に入れるべき語を後からそれぞれ一つずつ選び、記号で答えなさい。また、空欄2に入る作者名を漢字で答えなさい。

1（　　）2（　　）3（　　）4（　　）

鎌倉時代後期に成立した（ 1 ）作品で、作者は（ 2 ）である。（ 3 ）（ 4 ）と並び、古典の三大（ 1 ）の一つと言われる。

ア　評論　イ　物語　ウ　随筆

エ　説話　オ　日記　カ　枕草子

キ　源氏物語　ク　おくの細道　ケ　今昔物語集

コ　方丈記

3　次の文章を読み、後の問いに答えなさい。　（大阪商大堺高）

ある時、鼠《ねずみ》、老若男女相集まりて※1僉議《せんぎ》しけるは、「いつもかの猫といふA※2いたづら者に亡《ほろ》ぼさるるとき、Ⅰ千たび悔やめども、その益なし。かの猫、声を立つるか、※3しからずは足音高くなど※4せば、※5かねて用心すべけれども、①近づきたる程に、油断して取らるるのみなり。Ⅱいかがはせむ。」とB言ひければ、※6故老の鼠進み出でて申しけるは、「※7詮《せん》ずるところ、猫の首に鈴を付けておき侍《はべ》らば、②※8やすく知りなむ。」とC言ふ。

皆々、「Dもつとも。」と③同心しける。「※9しからば、このうちより誰出でてか、猫の首に鈴を付け給はむや。」と言ふに、E上臈《※10じやうらう》鼠よりⅢ下《しも》鼠に至るまで、「Ⅳ我付けむ。」と言ふ者なし。これによつて、④そのたびの議定《※11ぎてい》事終はらで退散しぬ。

（「伊曾保物語」より）

※1　僉議しけるは…協議したことには
※2　いたづら者…ろくでなし
※3　しからずは…そうでなければ
※4　せば…するならば
※5　かねて…あらかじめ
※6　故老…年寄り
※7　詮ずるところ…結局のところ
※8　やすく知りなむ…簡単に知ることができるだろう
※9　しからば…それならば
※10　上臈鼠…身分の高い鼠
※11　議定事終はらで…話し合いは決着がつかないで

問一　〰〰線部A～Eの歴史的仮名遣いを現代仮名遣いに直しなさい。漢字の部分もひらがなに直して表記しなさい。

A、いたづら（　　　）　B、言ひ（　　　）
C、なむ（　　　）　D、もつとも（　　　）
E、上臈《じやうらう》（　　　）

問二　‖線部Ⅰ～Ⅳの現代語訳としてもっとも適当なものを次の中から選び記号で答えなさい。

Ⅰ　千たび（　　　）
ア、何度も　イ、一度だけ　ウ、数回
エ、千回目　オ、千年間

Ⅱ　いかがはせむ（　　　）
ア、どこに隠れたらよいのか　イ、かわいそうなことだ
ウ、具合いはどうですか　エ、何回目だろうか
オ、どうしたらよいだろうか

Ⅲ　下《しも》鼠（　　　）
ア、地下に住む鼠　イ、体の小さい鼠　ウ、若い鼠
エ、身分の低い鼠　オ、知恵がない鼠

Ⅳ　我付けむ（　　　）
ア、私に付けよう　イ、私が付けよう　ウ、私と付けよう
エ、私は付けない　オ、私では付けられない

問三　[①]に当てはまる語句としてもっとも適当なものを次の中から選び記号で答えなさい。（　　　）
ア、うつくしく　イ、やかましく　ウ、おごそかに
エ、ひそかに　オ、やうやう

問四　――線部②「やすく知りなむ」とあるが、何を簡単に知ることができると言っているのか。次の空欄に当てはまるように五字程度で答えなさい。

猫が[　　　　　]こと。

問五　――線部③「同心しける」とは、何にどうすることに同意したのか。「□□に□□□□こと。」という形で答えなさい。なお、□一つに対し一字ずつ入るものとし、また、句読点は含みません。

[　　]に[　　　　]こと。

問六　――線部④「そのたびの議定」とあるが、この話し合いの議題としてもっとも適当なものを次の中から選び記号で答えなさい。（　　　）

ア、猫と鼠が和解するための方法
イ、猫を滅ぼすための方法
ウ、猫に命を取られないための方法
エ、猫に復讐するための方法
オ、猫を追い出すための方法

問七　この話を通して作者が伝えたい教訓はどんなことだと考えられるか。もっとも適当なものを次の中から選び記号で答えなさい。（　　）

ア、年配者の意見は尊重するべきだ。
イ、話し合いをする時は絶対的な指導者が必要だ。
ウ、しっかり計画を立てないと危険な目にあう。
エ、計画を無視してもうまくいくときはうまくいく。
オ、実現できない計画を立てても意味がない。

4　次の文章を読み、後の問いに答えなさい。字数制限のある問題は、「」、。を一字に数えます。

（立命館守山高）

此《この》ほど上京《かみぎやう》に俄《にはか》に分限※1になりたるものあり。今焼のつぼを店へア出す。ある数寄者《すきしやかうし》※2格子のうちをのぞき、このつぼをみて、「さてさて異風物※3かな、口がひろいが、だひつぼ※4によからう」というて手を入れてみる。入りてから、此手がぬけず、めいわくして、まづ①代をとふ。うちよりこのてもとをイ見て、「千貫ならばうらう」といふ。これを聞きて肝を消し、「さてさてさやうにする物ではないぞ、百貫に」とねぎる。「中々さやうにはならぬ」といふ。二百貫、三百貫までウねぎる。「いやこなたへ」とて引き、次第にはれてぬけず。「さらば五百貫に買わう」といふ。②もしぬけぬさきにとて、まけてかねエうけとる。さてかへりてぬかうと思へば、又格子にせかれて出ず。「ついでに格子をも買わう」とてまた百貫そへ、六百貫とり、③いまちやうじやと申すなり。

（「きのふはけふの物語」より）

※1　分限…金持ち。
※2　数寄者…風流人。
※3　異風物…変わった物。
※4　だひつぼ…だい壺。大壺か代壺かなどの詳細は不明。

問一　波線部ア～エから、他の三つとは動作主が異なるものを選び、記号で答えなさい。（　　）

問二　傍線部①「代をとふ」の意味として最も適切なものを、次のア～エから一つ選び、記号で答えなさい。（　　）

ア　代わりの品を要求する　　イ　代わりに支払いを頼む
ウ　店の代表者を呼ぶ　　エ　つぼの代金を尋ねる

問三　傍線部②「もしぬけぬさきに」とあるが、このあとにはどのような内容が続くと考えられるか。それを説明した次の文の［　　］にあてはまる言葉を、十字以上二十字以内で書きなさい。

つぼが割れて、［　　］しまうといけない。

問四　傍線部③「いまちやうじや」を言いかえた言葉を、本文中から十一字で探し、初めの五字を抜き出しなさい。

問五　この話の面白いところの説明として最も適切なものを、次のア～エから一つ選び、記号で答えなさい。（　　）

ア　つぼに払うお金をけちっていた数寄者が、格子を買うときにはあっさりとお金を出したところ。
イ　つぼが高く売れて気を良くした店主の不注意により、格子が非常に安く買われてしまったところ。

ウ　つぼから手が抜けなくなった数寄者が、つぼに加えて格子まで買わなければならなくなったところ。

エ　つぼを高く売ることができた店主が、すぐにそれ以上の買い物をしなければならなくなったところ。

5　次の文章を読んで、後の問いに答えなさい。字数制限のある問いは、指示がない場合、句読点、記号等もすべて一字とします。（東大谷高）

ある㊟在家人《ざいけにん》、山寺の僧を信じて、㊟世間・出世深くA頼みて、病むこともあれば薬までも問ひけり。この僧、医骨《医術の心得も》も無かりければ、万《よろづ》の病に、「㊟藤のこぶを煎《せん》じて召《飲め》せ。」とぞ教へける。これを信じて①もちゐるに、B万の病癒《い》えざる無し。

ある時、馬をC失ひて、「いかが仕《つかまつ》るべき《どうしたらいいでしょうか》。」といへば、D例の「藤のこぶを煎じて召せ。」とEいふ。F心得がたけれども、②やうぞあるらんと信じて、あまりに取り尽くして近々には無かりければ、G山の麓《ふもと》を尋ねける程に、谷のほとりにて、失せたる馬を見付けてけり。これも□の致す所《もたらした結果である》なり。

（「沙石集」より）

㊟　在家人……僧にならず、一般の生活を営みながら、仏教を信仰している人。
世間・出世……日常生活に関わること・仏教に関わること。
藤のこぶ……藤の幹にできるこぶのようなもの。薬として用いられた。

問一　傍線部①「もちゐる」、②「やう」をそれぞれ現代仮名遣いに直し、すべてひらがなで書きなさい。①（　　）②（　　）

問二　傍線部A「頼みて」、D「例の」の本文中の意味として最も適当なものをそれぞれ選び、番号で答えなさい。

A「頼みて」（　　）
1　頼りにして　2　頼りにされて
3　お願いして　4　申し込んで

D「例の」（　　）
1　模範的な　2　慣れた感じで
3　いつものように　4　改めて

問三　傍線部Bの解釈として最も適当なものを次から選び、番号で答えなさい。（　　）
1　あらゆる病気が治ってしまった。
2　あらゆる病気の原因はわからなかった。
3　すべての病気が残念ながら治らなかった。
4　病気が治ったか、いずれもわからなかった。
5　すべての病気が治ったことが信じられなかった。

問四　傍線部C「失ひて」、E「いふ」の主語をそれぞれ本文中から抜き出しなさい。C（　　）E（　　）

問五　傍線部F「心得がたけれども」で在家人がこう思ったのはなぜか。最も適当なものを次から選び、番号で答えなさい。（　　）
1　なついていた馬がいなくなったのは、山寺の僧が隠したせいと疑ったが、僧があまりにも平然としていたから。
2　馬を見つけるために相談したのに、山寺の僧の指示は病気を治す時と同じで、効果があると思えなかったから。

3　馬の行方を相談したが、山寺の僧が病気で失敗した処置を依然として指示してくるので、無意味だと思ったから。

4　馬が突然いなくなった悲しみをどうしようかと相談したが、山寺の僧からは全く相手にしてもらえなかったから。

5　馬が行方知れずになり今後の商売について相談したが、山寺の僧はいつもと同じ指示しかしないので、愛想を尽かしたから。

問六　傍線部Gで、在家人が山の麓まで探しに行かなければならなかった理由は何か。次の説明文の空欄に当てはまるように、二十字以内の現代語で答えなさい。

藤のこぶは、（　　）から。

問七　□に入る漢字を本文中から一字で抜き出しなさい。（　　）

問八　『沙石集』は、『十六夜日記』や『徒然草』と同じ時代に書かれた仏教説話集である。それは何時代か。最も適当なものを次から選び、番号で答えなさい。（　　）

1　奈良時代　2　平安時代　3　鎌倉時代

4　室町時代　5　江戸時代

6　次の文章を読み、後の問いに答えなさい（出題のために一部文章を改めた所があります）。（京都文教高）

丹後守保昌《たんごのかみやすまさ》、任国に下向の時、与謝の山にて、白髪の武士一騎あひたりけり。①木の下に少しうち入りて、※笠をかたぶけて立ちたりけるを、国司の※郎等いはく、「この老翁《ろうをう》、なんぞ馬より下りざるや。※奇怪なり。とがめ下ろすべし」といふ。ここに国司のいはく、「※一人当千の馬の立てやうなり。ただものにあらず。あるべからず」と制止して、うち過ぐるあひだ、※三町ばかり※さがりて、大矢右衛門尉致経《おほやうゑもんのじようむねつね》、※あまたの従類を具してあひたり。弓取り直して、国司に※会釈のあひだ、致経いはく、「ここに②老翁や一人、※あひ奉りて候《さぶら》ひつらむ。あれは愚父平五大夫《へいごだいふ》にて候ふ。※堅固の田舎人にて、※子細を知らず。※さだめて無礼をあらはし候ふらむ」といひけり。致経過ぎてのち、国司、「※さればこそ。致頼《むねより》にてありけり」といひけり。

この※党は、頼信《よりのぶ》、保昌、維衡《これひら》、致頼とて、世に勝れたる四人の武士なり。両虎たたかふ時は、ともに死せずといふことなし。保昌、かれが振舞を見知りて、さらに侮らず。③郎等をいさめて、無為なりけり。いみじき④なり。

（『十訓抄』より）

（注）※笠をかたぶけて……顔を見られないように笠を傾けて。
※郎等……従者。
※奇怪なり……けしからん。
※一人当千……一人で千人分の強さを持っていること。
※三町……一町は約一〇九メートル。
※さがりて……おくれて。
※あまたの従類を具して……たくさんの従者をしたがえて。
※会釈……挨拶。
※あひ奉りて候ひつらむ……お会い申し上げたのではないでしょうか。
※堅固……まったくの。
※子細……事情。
※さだめて……きっと。
※さればこそ……思った通りだ。
※党……武士の小集団。

問一 ＝＝部を現代仮名遣いに改め、すべてひらがなで答えなさい。（　　）

問二 ——部①とありますが、この行為の主語を次から選び、記号で答えなさい。（　　）

ア 保昌　イ 白髪の武士　ウ 国司の郎等　エ 致経

問三 ——部②とありますが、この人物とは異なるものを次から選び、記号で答えなさい。（　　）

ア 保昌　イ 白髪の武士　ウ 平五大夫　エ 致頼

問四 ——部③は、「従者をよく制し、何事もなく、無事でいられたのである」という意味です。その理由が述べられた最も適当な一文を抜き出し、始めの五字で答えなさい（句読点等も字数に含む）。

問五 ④ に入る語として最も適当なものを次から選び、記号で答えなさい。（　　）

ア 忠心　イ 難儀　ウ 高名　エ 孝行

7 次の文章を読んで、あとの各問いに答えなさい。問題文は、設問の都合上、表記を改めたところがあります。字数制限のある問いについては、句読点や記号も字数に数えます。（奈良大附高）

この姫君ののたまふこと、「人々の、花、蝶やと愛《め》づるこそ、はかなく①あやしけれ。人は、まことあり、※本地《ほんぢ》たづねたるこそ、心ばへをかしけれ」とて、よろづの虫の、恐ろしげなるを取り集めて、「②これが、成らむさまを見む」とて、さまざまなる※籠箱《こばこ》どもに入れさせ給ふ。中にも「※烏《か》毛虫《はむし》の、心深きさましたるこそ心にくけれ」とて、明け暮れは、耳※はさみをして、③手のうらに添へふせてまぼり給ふ。

若き人々はａおぢ惑ひければ、男《を》の童《わらは》の、ものおぢせず、ｂいふかひなきを召《め》し寄せて、箱の虫どもを取らせ、名を問ひ聞き、いま④新しきには名をつけて、興《きょう》じ給ふ。

「⑤人はすべて、つくろふところあるはわろし」とて、眉《まゆ》さらに抜き給はず。※歯黒《はぐろ》め、「さらにうるさし、きたなし」とてつけ給はず、いと白らかに笑《ゑ》みつつ、この虫どもを、朝夕《あしたゆう》べに愛し給ふ。

（「堤中納言物語」より）

※ 本地たづねたるこそ……本来の姿を追究してこそ
※ 籠箱……虫籠《かご》などに用いる箱
※ 烏毛虫……毛虫
※ 耳はさみ……女性が垂れ下がっている前髪をかき上げて、耳の後ろにはさむこと
※ 歯黒め……成人女性の化粧の一つで、歯を黒く染めること。「おはぐろ」

問一 ＝＝線部ａ「おぢ惑ひ」・ｂ「いふかひなき」をそれぞれ現代仮名づかいに直しなさい。ａ（　　）ｂ（　　）

問二 ——線部①「あやしけれ」の意味として最も適切なものを次のア～エから選び、記号で答えなさい。（　　）

ア 純粋だ　イ 風流だ　ウ 不愛想だ　エ 不思議だ

問三 ——線部②「これ」が指している内容を本文中から十五字以内で抜き出しなさい。

問四 次の文は、——線部③「手のうらに添へふせてまぼり給ふ」を説明したものである。 i ・ ii にあてはまるものをあとのア～エからそれぞれ選び、記号で答えなさい。

i（　　）ii（　　）

 i が ii を手のひらにのせてじっと見守りなさる。

ア　姫君　イ　若き人々　ウ　男の童
エ　烏毛虫　オ　蝶

問五　——線部④「新しき」のあとに省略されている語を、本文中から一字で抜き出しなさい。（　　）

問六　——線部⑤「人はすべて、つくろふところあるはわろし」について、次の各問いに答えなさい。

Ⅰ　内容として最も適切なものを次のア～エから選び、記号で答えなさい。（　　）

ア　人が作りだす美しさがすばらしいのだ
イ　人の美しさも毛虫のように成長していくものだ
ウ　人が見かけの美しさを大切にしているのはよくない
エ　人の上品さは誰でも持っているものではない

Ⅱ　この主張を裏付ける本文中の登場人物の行動として、最も適切なものを次のア～エから選び、記号で答えなさい。（　　）

ア　男の童は、人々の命令を聞くこともせず、虫を恐れることもしなかった
イ　姫君は、眉を抜くこともせず、歯黒めをつけることもしなかった
ウ　若き人々は、虫を愛でることもせず、姫君の命令を聞くこともしなかった
エ　人は、品がないので、花を愛でることもせず、笑うこともしなかった

問七　『堤中納言物語』は平安時代に成立した作品である。平安時代の作品とその作品に関係の深い人物の組み合わせとして最も適切なものを次のア～エから選び、記号で答えなさい。（　　）

ア　『平家物語』——松尾芭蕉　イ　『万葉集』——大伴家持
ウ　『源氏物語』——紫式部　エ　『徒然草』——清少納言

8　次の文章を読んで、あとの問いに答えなさい。（園田学園高）

今はむかし、物ごと自慢くさき※は未練のアゆゑなり。物の上手の上から※は、①すこしも自慢はせぬ事なり。我より手上の者ども、広き天下にいかほどもあるなり。諸芸ばかりに限らず、侍道《さむらいどう》にも武辺※・口上以下、さらに自慢はならぬものを、今の世は貴賤《きせん》※上下それぞれに自慢して、1声高に荒言はきちらし、わがままをする者多し。その癖に、②おのれが疵《きず》をかくさんとて、よき者を2そしり笑ふ事あり。ある者座敷を立てて絵を描かする。白鷺《しらさぎ》の一色※を望む。絵描き、「心得たり」とて焼筆※をあつる。亭主のいはく、「イいづれも良さそうなれども、この白鷺の飛びあがりたる、羽づかひがウかやうでは飛ばれまい」といふ。③絵描きのいはく、いやいやこの飛びやうが第一の出来物ぢやといふうちに、本の白鷺が四五羽うちつれて飛ぶ。亭主これを見て、あれ見給へ。あのやうに描きたいものぢやといへば、絵描きこれを見て、「いやいやあの羽づかひではあつてこそ、それがしが描いたやうにはえ飛ぶまい※」というた。

（『浮世物語』より）

・問題作成の都合上、本文の一部を改めた。
※自慢くさき……自慢ばかりしたがること。
※物の上手の上からは……名人、達人の場合には。
※武辺・口上……武芸や話しぶりなどのこと。
※貴賤上下……身分が高い人、低い人。
※一色……他のものを交えないこと。
※焼筆をあつる……木の端を焼きこがして作った筆で描くこと。

※え飛ぶまい……飛ぶことができない。

問1　二重傍線部ア～ウの歴史的かなづかいを現代かなづかいに直しなさい。ア（　　）イ（　　）ウ（　　）

問2　波線部1「声高に」、2「そしり」の意味として、最も適当なものをそれぞれ次の中から一つずつ選び、記号で答えなさい。

1「声高に」（　　）

ア　高い声で　　イ　伸びやかな声で

ウ　大きな声で　　エ　弱々しい声で

2「そしる」（　　）

ア　批判する　　イ　ほめる　　ウ　かばう　　エ　恨む

問3　傍線部①「すこしも自慢はせぬ事なり」とあるが、それはなぜか。その理由を説明したものとして、最も適当なものを次の中から一つ選び、記号で答えなさい。（　　）

ア　世間は広いため、どの分野にすぐれた人がいるか知ることができないから。

イ　世の中には自慢する人が多く、争いが起こってしまう可能性があるから。

ウ　自分よりも能力がすぐれた人がたくさん存在することを知っているから。

エ　他人よりも優れている部分があることを自慢する必要はないから。

問4　傍線部②「おのれ」とは、誰のことか。最も適当なものを次の中から一つ選び、記号で答えなさい。（　　）

ア　作者　　イ　手上の者

ウ　貴賤上下　　エ　わがままをする者

問5　傍線部③「絵描きのいはく」とあるが、何を言ったのか。文中から二十字以内で抜き出し、最初と最後の三字を答えなさい。

［　　　］～［　　　］

問6　この文章を前半と後半の二つに分けた場合、後半はどこから始まるか。初めの三字を抜き出しなさい。［　　　］

問7　本文の内容として、最も適当なものを次の中から一つ選び、記号で答えなさい。（　　）

ア　亭主は、白色のみで白鷺を描いてほしいと頼んだが、白一色だけでは白鷺が飛ぶ姿を描くことはできないと絵描きに断られた。

イ　亭主は、白鷺が飛び上がる瞬間を描いてほしいと頼んだが、その瞬間を目にしたことがないために描けないと絵描きに断られた。

ウ　絵描きは、描いた絵が見本の白鷺と飛び方が異なると亭主に指摘されたが、その飛び方は誰にも描けないと反論した。

エ　絵描きは、実際に白鷺が飛んでいるかのように絵を描いてほしいと亭主に頼まれたが、自分が描いたものこそが理想的だと反論した。

9　次の文章を読んで、後の問いに答えなさい。　（橿原学院高）

昔、1天竺《てんぢく》の人、宝を買はんために、[注1]銭《ぜに》五十貫を子に持たせてやる。大《おほき》なる川の端《はた》を行くに、2舟に乗りたる人あり。舟の方《かた》を見やれば、舟より亀、首をさし出《いだ》したり。銭持ちたる人立ち止《どま》りて、この亀をば、「何の1料《れう》ぞ」と問へば、「殺して物にせんずる」といふ。「その亀買はん」といへば、この舟の人曰《いは》く、いみじき大切の事ありて、設けたる亀なれば、いみじき価《あたひ》なりとも、売るまじき由《よし》をいへば、なほ2あながちに手を摺《す》りて、この五十貫の銭にて、亀を買ひ取りて放ちつ。

心に思ふやう、親の、宝買ひに隣の国へやりつる銭を、亀にかへてやみぬれば、親、3いかに腹立ち給はんずらん。さりとてまた、親のもとへいかであるべきにあらねば、親のもとへ帰り行くに、道に人のゐていふやう、「ここに亀売りつる人は、この下《しも》の渡《わたり》[注2]にて、舟うち返して死ぬ」と語るを聞きて、親の家に帰り行きて、銭は亀にかへつる由語らんと思ふ程に、親のいふやう、「何とてこの銭をば返しおこせたるぞ」と問へば、子のいふ、「4さる事なし。その銭にては、しかじか亀にかへてゆるしつれば、5その由を申さんとて参りつるなり」といへば、親のいふやう、「黒き衣きたる人、同じやうなるが五人、おのおの十貫づつ持ちて来たりつる。これそなる」とて見せ（　X　）ば、6この銭いまだ濡《ぬ》れながらあり。

はや買ひて放しつる亀の、その銭川に落ち入るを見て、取り持ちて、親のもとに、子の帰らぬさきにやりけるなり。（『宇治拾遺物語』より）

注1　銭五十貫…「貫」は銭を数える際に用いる語。

注2　渡…舟の渡し場。

問一　――線部1「天竺」とは現在のどの辺りにある国に相当するか。最も適当なものを、次のア～オの中から一つ選び、記号で答えなさい。（　　）

ア　中国　イ　韓国　ウ　モンゴル
エ　エジプト　オ　インド

問二　――線部2「舟に乗りたる人あり」とあるが、この人物は作中でどうなるのか。最も適当なものを、次のア～オの中から一つ選び、記号で答えなさい。（　　）

ア　亀を売ったことがきっかけで、その後に大金持ちになることができた。
イ　亀を売ったことがきっかけで、後世に名を残す政治家になることができた。
ウ　亀を売らなかったことにより、自分の大切な用件を果たすことができた。
エ　亀を売らなかったことにより、天竺の人から恨みを買うことになった。
オ　亀を売ったあとに川の下流の渡し場で舟が転覆し、亡くなってしまった。

問三　〰〰線部1「料」、〰〰線部2「あながちに」の本文中での意味として最も適当なものを、それぞれ次のア～オの中から一つずつ選び、記号で答えなさい。

1　「料」（　　）

ア　代金となるもの　イ　使うためのもの
ウ　遊ぶためのもの　エ　獲得したもの
オ　宝を買うためのもの

2　「あながちに」（　　）

ア　無理矢理に　イ　誠心誠意に　ウ　まじめに
エ　熱心に　オ　冷淡に

問四　――線部3「いかに腹立ち給はんずらん」の現代語訳として最も適当なものを、次のア～オの中から一つ選び、記号で答えなさい。（　　）

ア　どれほど腹をお立てになるだろうか。
イ　それほど腹をお立てになることはない。
ウ　どうして腹を立てることがあるだろうか。
エ　もしかしたら腹を立てられるかもしれない。
オ　きっと腹を立てるに違いないだろう。

問五　――線部4「さる事なし」とあるが、この言葉が指している行為を本文中から十二字で抜き出して答えなさい。（句読点や記号も一字とする）

問六　――線部5「その由」の内容として最も適当なものを、次のア～オの中から一つ選び、記号で答えなさい。（　　）
ア　宝を買うために預かったお金を舟の上から誤って落としてしまったこと。
イ　途中で出会った人と話し込んでしまったために宝を買えなかったこと。
ウ　宝を買うためのお金であったのに途中で亀を買うのに使ってしまったこと。
エ　途中で見つけた亀のあまりの美しさに思わず亀が欲しくなってしまったこと。
オ　宝を買いに行く途中に黒い衣を着た者たちにお金を取られてしまったこと。

問七　文中の空欄（Ｘ）に入る最も適当な言葉を、次のア～オの中から一つ選び、記号で答えなさい。（　　）
ア「けら」　イ「けり」　ウ「ける」
エ「けれ」　オ「けろ」

問八　――線部6「この銭いまだ濡れながらあり」とあるが、これはなぜか。その理由として最も適当なものを、次のア～オの中から一つ選び、記号で答えなさい。（　　）
ア　この銭を持っていた人が激しい雷雨にさらされていたから。
イ　この銭を持っていた人が川の中に落ちてしまったから。
ウ　この銭を持っていた人が悲嘆に暮れて大粒の涙をこぼしたから。
エ　この銭を持っていた人が途中で銭を池に投げ入れたから。
オ　この銭を持っていた人が亀に銭を賽銭として捧げたから。

問九　次のア～オの文章で、本文中において内容と合致しているものを全て選び、記号で答えなさい。（　　）
ア　天竺の人は宝を買うためにお金を用意していたが、途中で気が変わり子どもに亀を買ってやった。
イ　子どもは亀が殺されるということを聞いて不憫に思い、預かった銭で亀を助けてやった。
ウ　子どもからの熱心な頼みを聞いた亀の持ち主は、快く自分の亀を子どもに譲ってやった。
エ　亀を買い取った子どもは、親から叱られることを恐れて自分の家に帰りたくなかった。
オ　子どもに命を助けられた亀たちが、その恩返しのために子どものお金を届けにきた。

2024・2025年度
受験用

近畿の高校入試 中1・2の復習

国語

解答・解説

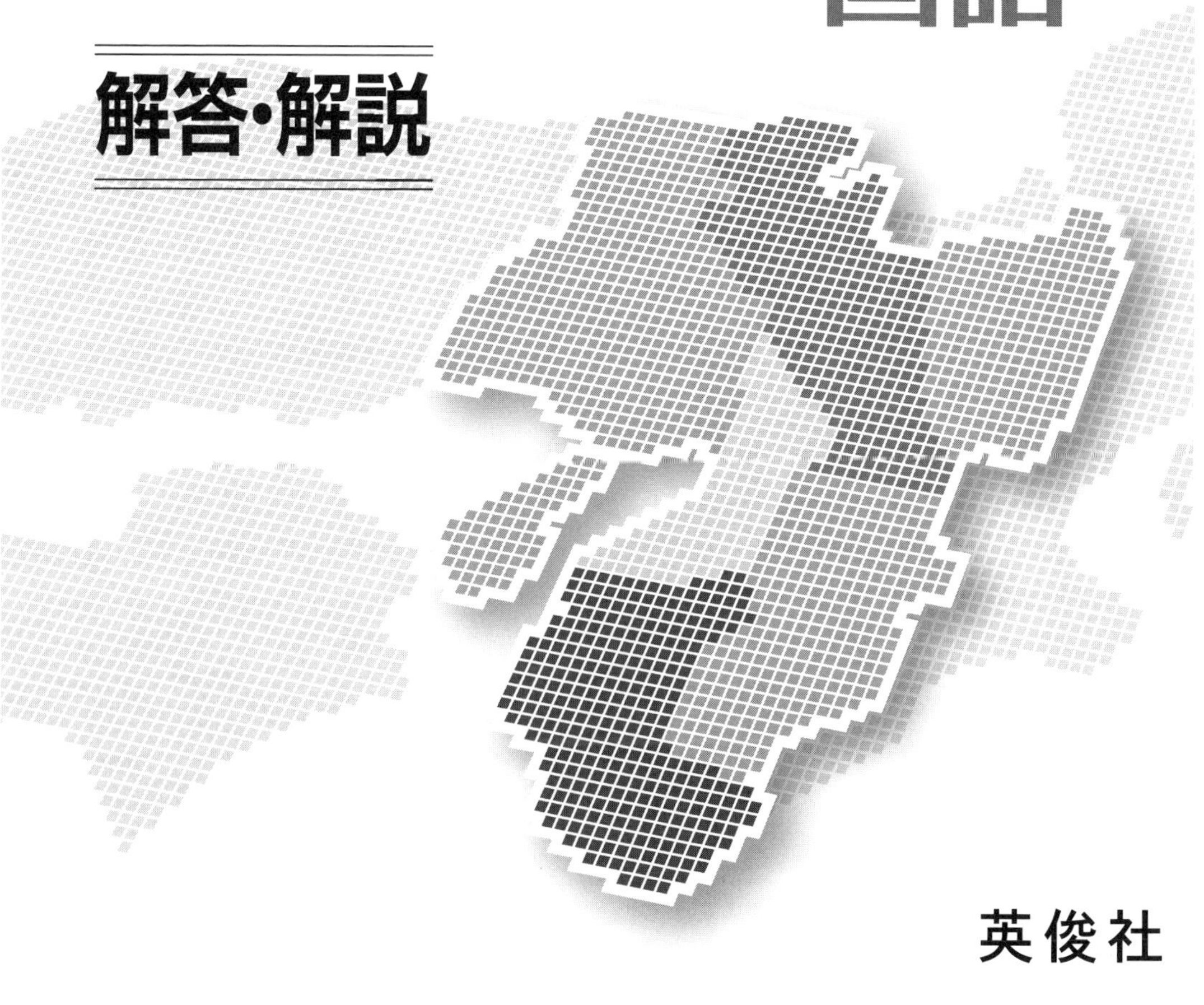

英俊社

一　国語の知識

(1)　漢字の知識（２ページ）

1 答 ①提唱　②拒　③過言　④臨　⑤格子

2 答 ①貢献　②掲(げる)　③披露　④専(ら)　⑤綿密(な)

3 答 1、抑圧　2、歳月　3、到達　4、喪服　5、挫折　6、隠居　7、拒絶　8、送迎　9、戒(め)　10、挨拶

4 答 ①こうたく　②ふ(く)　③はず(む)　④うけたまわ(る)　⑤こぶ

5 答 (排出)はいしゅつ　(疾走)しっそう　(変遷)へんせん　(勧誘)かんゆう　(廊下)ろうか　(牧畜)ぼくちく　(承諾)しょうだく　(控える)ひか(える)　(赴く)おもむ(く)　(慰め)なぐさ(め)

6 答 ①はんざつ(な)　②こうとう　③そうてい　④あらわ(し)　⑤さしず

7 答 ①破(る)　②似(て)　③貿易　④責任　⑤きそ(う)　⑥うるお(い)　⑦ついとう　⑧にゅうわ

8 答 (1)きせき　(2)てんさく　(3)た(らす)　(4)つと(める)　(5)厚(み)　(6)投(げる)　(7)平素　(8)健康

9 答 ①いなか　②さば(く)　③はもん　④すんか　⑤かめい　⑥格段　⑦介護　⑧猛獣　⑨脂肪　⑩淡(い)

10 答 (1)イ　(2)エ　(3)イ　(4)ア　(5)エ　(6)ウ

11 ①は「以外」、②は「意思」、③は「開放」、④は「鑑賞」、⑤は「既製」、⑥は「検討」。

答 ①A　②B　③E　④A　⑤B　⑥E

12 答 1、混雑　2、募集　3、倹約　4、福祉

13 答 イ・ウ

14 答 ①六　②七　③九　④十　⑤十五

15 答 ①黒　②逆　③必　④退　⑤否

16 答 ①輪　②狂　③底　④分　⑤勤

17 答 ①オ　②エ　③ア　④イ　⑤ウ

18 答 ①イ　②オ　③ウ　④エ　⑤ア

19 答 ①引　②髪　③単　④無　⑤因

20 答 ①ア　②エ　③イ　④ア　⑤ウ

(2)　ことばの知識（５ページ）

1 答 ①盛衰　②異口　③霧中　④当意

2 答 1、刀　2、勧　3、転　4、奇　5、尾

3 答 ①朝令暮改　②五里霧中　③単刀直入　④因果応報　⑤温故知新

4 答 ①仏　②水　③矢　④筆　⑤山

5 答 (1)つる　(2)きつね　(3)かえる　(4)はち　(5)はと

6 答 ①ケ　②イ　③コ　④カ　⑤キ

7 答 ①気　②鳥　③音　④皮

8 答 (1)肩　(2)口　(3)水　(4)塩　(5)羽

9 答 ①エ　②ウ　③ア　④イ　⑤オ

10 答 ①百　②面　③足　④矛

11 答 ①オ　②イ　③ウ　④ア　⑤エ　⑥カ

12 答 ①カ　②ア　③イ　④キ　⑤オ

(3)　文学史（８ページ）

1 答 ①ケ　②イ　③キ　④エ　⑤オ

2 答 ①ウ　②イ　③エ　④エ　⑤ア

3 答 ①カ　②コ　③オ　④エ　⑤ア

4 答 ①ク　②エ　③イ　④オ　⑤コ

5 答 (1)①むかいて　②なん　(2)A、徒然草　B、竹取物語　(3)ウ　(4)イ

6 答 A、キ　B、ウ　C、ケ　D、ク　E、オ

二　文法・敬語

(1) 文　法（10ページ）

1 答 オ

2 「夢を／見る／ことが／できるのなら、／あなたは／それを／叶えられる。」と分けられる。

3 答 イ

① 「寒いですね」が述語で、何が(は)寒いのかを示す語が主語。
② 「行く」が述語。誰が行くのかが主語。
③ 「する」が述語。誰が「(勉強を) する」のかは省略されている。

答 (主語・述語の順に) ① 部屋は・寒いですね ② ぼくも・行く ③ なし・する

4 答 (1) 私も (2) 問い合わせたが (3) いた (4) 大通りを (5) 足先は

5 答 ① イ ② ウ ③ エ

6 ① 活用のある自立語で、言い切りの形が「～だ」となる語。
② 活用のない自立語で、体言を修飾する語。
③ 活用のない付属語。
④ 活用のない自立語で、主語にすることができる語。

答 ① エ ② カ ③ ケ ④ ア

7 活用のない自立語で、体言を修飾する語。アは、活用のない自立語で、用言を修飾する副詞。イは、活用のない自立語で、ものごとを指し示し、主語にすることができる代名詞。エは、活用のある自立語で、言い切りの形が「～だ」となる形容動詞の語幹。

答 (記号) ウ (品詞名) 連体(詞)

8 答 1、オ 2、サ 3、ク 4、コ 5、イ 6、キ 7、カ

9 答 (1) イ (2) エ (3) ア (4) ウ (5) オ

10 答 ① じ ② め ③ き ④ し(または、さ・せ) ⑤ 上一段 ⑥ 下一段 ⑦ カ行変格

11 答 問一、Ⓐ オ Ⓑ キ Ⓒ ウ Ⓓ エ Ⓔ カ 問二、(記号・活用形の順に) ① エ・連用形 ② ウ・連体形 ③ オ・未然形 ④ ア・未然形 ⑤ イ・終止形

12 答 ① オ ② エ ③ ウ ④ イ ⑤ ア

13 答 ① ク ② カ ③ キ ④ コ ⑤ エ ⑥ ア ⑦ ケ ⑧ ウ ⑨ イ ⑩ オ

14 イは「ず」「ぬ」に置き換えることができないので形容詞。ア・ウ・エは「ず」「ぬ」に置き換えられるので助動詞。

答 イ

15 ① (ウ)は尊敬、他は受け身の意味を表す。
② (エ)は主語、他は連体修飾語を表す。
③ (エ)は形容詞「危ない」の一部。他は「ず・ぬ」に置き換えられるので助動詞。

答 ① (ウ) ② (エ) ③ (エ)

(2) 敬　語（14ページ）

1 答 ① (ア) ② (ウ) ③ (イ) ④ (ア) ⑤ (イ)

2 答 ① イ ② ア ③ ウ ④ ア ⑤ イ

3 ① 自分の「会う」という動作。オの「召し上がる」は尊敬語。
② 「利用する」は相手の動作。アの「参る」は謙譲語。

答 ① イ ② エ

4 動作の主体は「先生」なので、尊敬語を用いる。

答 ウ

5 来客者の動作なので、「聞く」の尊敬語である「お聞きになる」を用いる。

答 ウ

6 (1) 動作の主体が「校長先生」なので、尊敬語を用いる。
(2) 動作の主体が相手の「社長さん」なので、尊敬語を用いる。

(3)　動作の主体が「先生」なので、尊敬語を用いる。
(4)　動作の主体が自分なので、謙譲語を用いる。
(5)　動作の主体が「先生」なので、尊敬語を用いる。「飲みます」は丁寧語。

7

答 (1) 4　(2) 4　(3) 3　(4) 3　(5) 2

ア、図書館の人が「お越しになる日時…」と答えているので、和木さんが図書館に「行く」ことを伝えている。自分の動作なので謙譲語にする。

イ、1は尊敬語なので不適切。3・4は尋ねられたことに対する答えがあいまいなので不適切。5は普通の言い方なので不適切。

ウ、「空いていますか」と聞かれたので、「はい」と答えた後に「空いている」ことを丁寧な言い方で伝える。

エ、自分の名前を謙譲語で答える。

オ、「借りる」のは和木さんの動作なので、謙譲語でお願いする。

答 ア、3　イ、2　ウ、1　エ、3　オ、5

三　論理的文章（16ページ）

1

2、「いい薬だという主張をするための根拠」の具体例として、「有効な成分が十分に入っている」「しかるべき試験機関がその効果を認定している」などを挙げている。

3、③では、「この薬はいい薬だ」と示すためには、「根拠としての事実と、それが主張につながるという論拠」が必要になることに、「そもそも、『いい』ということをどう考えるのかということ」も必要条件になると付け加えている。④では、薬が「いい」かどうかを考える「観点」として、「副作用」の有無と、「高価」かどうかという二点を並べている。

4、a、論説文は「書き手がどう思うのかということを述べる文章」だとして、論説文には「オリジナリティ（独自性）」が大切」だと述べている。

b、さらに「いい薬」の例をふまえて、「説得力を持たせる」ために「根拠としての事実と、それが主張につながるという論拠」が必要となると述べている。

答 1、ウ　2、ウ　3、ア　4、a、オリジナリティ　b、主張に説得力を持たせる（11字）（同意可）

2

問二、A、「一人では生きられないのか」と、「まあそれなりに生きていけるのか」という二つの問いを並べている。

B、「ムラ社会」では「食料や衣類をはじめ…いろいろな人たちの手を借りなければいけなかった」ことを理由に、「『村八分』というペナルティ」が「死活問題」になると説明している。

C、「利得の側面で人がつながっている面もたしかにある」ことを認めつつ、「人と人とのつながりはそれだけではない」と反対のことを述べている。

問三、「ムラ社会」は、「地域共同体」のこと。これは「地方の農村や漁村」だけでなく「東京のような都会にだってあった」と、『ALWAYS　三丁目の夕日』を例に挙げていることに着目する。

問四、一文に「お金さえあれば一人でも生きていける社会」とあるので、現代の状況を「一人でも生きていくことができてしまう社会」と認めているところに入る。また、「でも…『そうは言っても、一人はさびしいな』というカンカク」とあるので、その前に「一人でも生きていける」ことについて述べた文が必要になる。

問五、「昔のように困る」とあるので、「ムラ社会」が存在した「昔」の生活に着目する。「昔」では、「一人では生きていけない」ことが事実だったように、「食料や衣類をはじめ…いろいろな人たちの手を借りなければいけなかった」と述べている。

問六、「他の人々とのつながりを求めがちになる」ことについて、前でも「一人ぼっちではさびしいと感じる」「やはり親しい人…誰かとつながりを保ちたい」と述べているところに着目する。そうした「つながり」が、「人間の幸せのひとつの大きな柱を作っているから」と理由を述べている。

問七、現代では「お金さえあれば、生きるために必要なサービスはだいたい享受できる」ようになり、「一人で生きていても昔のように困ることはありません」と述べている。

3

答 問一、a、集落　b、確固　c、就　d、前提　e、感覚　問二、A、イ　B、ウ　C、ア　問三、ご町内　問四、そうです。　問五、ア　問六、そのことが　問七、イ

問二、X、前の「この世に、あなたにかかわる存在は、どこにもない」ということによって、順当に「あなたが見る世界は、あなた自身の目によっている」と生じる事柄が続く。

Y、「『私』の判断というものを…消して認識することはありえない」ということに、「自己としての『私』は…つくられていく」ということを付け加えている。

Z、「これまで出会ったことのない考え方や価値観にフレ…『私』は確実に変容」することを理由に、「はじめから、しっかりとした自分があるわけではない」という結果を導いている。

問三、1、「すべてが『…を通している』」は、直前の「すべてあなた自身の個人メガネを通したもの」を言い換えたものであることから考える。

2、「自分のこと」を「自分の…的なプライバシー」と表現している。

問四、①を含む一文を、「つまり、あなたのモノの見方は…でしかありえないということ」と言い換えていることをおさえる。

問五、文頭の「ここ」は、前文の「はじめから、しっかりとした自分があるわけではない」ことを指す。それなのに「自分探し」をしても「何も出てきません」ということが罠に落ちることに当たる。

問六、直後に「自分と環境の間に浮遊するものとして…把握される」と述べ、それをふまえて「では、自分というものが…にあるとすると」と続けていることをおさえる。

問七、「頭をかきむしっても何も書けないのと同じ」状態が前に述べられていることになる。「自分を探して…何も出てきません」がそれに当たる。

答 問一、i、所有　ii、即(して)　iii、触(れ)　iv、めいかく　v、ふゆう　問二、X、イ　Y、ア　Z、オ　問三、1、自分　2、個人　問四、あなた自身の個人メガネを通したもの　問五、自分の中にしっかりとした自分があると思って、どんなに自己を深く掘っていっても、何も出てこないということ。(同意可)　問六、他者との関係の中　問七、3

4

問一、A、前の「事前調査を行った」結果として起きたことを、後で「51パーセントの住民が…と答えた」と述べている。

B、前の「多額の補償金」を後で「見返り」と言い換えている。

C、前のスイスの例をふまえて、「お金で買えないものとは…分かっていない」ことが理由となり、「常識に反するように思われる」とまとめている。

問四、後で、「お金は、住民たちにとっては、賛成票を買うための賄賂に見えてしまった。だから反対した」と述べている。

問五、「見返りとして大金を払う」と言われたことに住民たちが反発し、受け入れ拒否に回ったという結果は「僕らの常識に反する」ように思えると述べていることから、「見返り」について、一般的な人はスイスの住民たちとは反対の見解を持っていると考える。

問六、「『自分たちの国は…ならない』という認識が住民の間にあったから」と説明した後で、「つまり…があったということ」と言い換えている。

問七、後に「お金で買えないもの＝贈与」とある。

問八、本文後半で、「僕らにとって大切な人との関係性もまた、『お金では買えないもの』です」と指摘した後で、「贈与の原理が分かっていない」ので「僕らは大切な人たちとの関係を見誤るのです」と述べている。

問九、本文前半では、「マイケル・サンデルの著書」で取り上げられている実話を挙げ、これは「お金では買えないもの」の正体が分かっていないために起こった事例だと説明している。そして後半では、「大切な人との関係性」もまた「お金では買えないもの」だと指摘し、その原理が不明であることをさらに強調している。

5

答　問一、A、ウ　B、エ　C、イ　問二、a、イ　b、ウ　c、ア　問三、原因　問四、ウ　問五、僕らは、それに見合う対価や見返りが支払われるのであれば、嫌なことでも引き受ける（という考え。）（39字）　問六、公共心　問七、贈与　問八、エ　問九、ウ

三、A、他の誰かと「連帯はできません」という「インターネット社会」の特徴が導く、「孤独になっていく」という結果を後に続けている。

B、「インターネットでつながった社会も言葉も、捨てることができ」ないとその重要性を述べたのに対して、後では「ネットの中だけでつながっているのは危険」と否定的な内容を示している。

C、インターネットが普及した今の社会と昔との違いについて、「インターネットを通して世界を知り、次に…かつてとは順序が逆」だと説明したうえで、「インターネットを通して」知る世界について、「好きな情報でつくられた世界」だとその特異性を加えて示している。

四、「利益中心」といえる「他者とつながること」の意味を、直前の文からとらえる。

六、「順序が逆」だと示した後で、子どもたちが接している世界についても昔と今の違いを説明していることに着目し、昔についての記述をとらえる。

七、「フィクションの世界での経験だけを積み重ねて」いたのでは「リアルな世界」に対応できず、「わけがわからなくなって…閉じこもったりして」しまうと述べた後に示された、それを回避するためにすべきことをつかむ。

九、インターネット社会が個人の社会であり、「他者に頼ることができな」いために「取り残されたくないという不安」が生じていること、また「フィクションの世界」であり、その世界の経験だけを積み重ねていると「リアルな世界」に対応できなくなることを問題点として示している。それを解決するためには「現実の世界と身体を使ったリアルな付き合い」が大切であり、「自分を受け入れる友だち」だけではない「いろいろな人間関係」のなかで「いろいろな自分」をつくることで、たとえどこかで関係がくずれたとしても支えてくれる人が見つかり、生きられるのだとまとめている。

答　一、①預（ける）　②かか（げて）　③装置　④接触　⑤崩（れて）　二、（責任）転嫁　三、A、オ　B、ア　C、エ　四、自分にとっ～つながる。　五、エ　六、自分で見た世界の情報を交換していた時代（19字）　七、自分の身体を使って現実の世界と付き合っていく。（23字）（同意可）　八、複雑　九、イ

6

㈠　「由来する」の主語は、「近代科学としての地理学と歴史学の分類」。この後で、「近代以後の、地理学と歴史学の研修対象の違い…地理の学校教科書と歴史の学校教科書にみられる違い」について改めて説明している。

㈡　用言に付属している補助動詞の「くる」を選ぶ。ア～ウは、本動詞。

㈢　通訳が話したフランス語と日本語について、「おそらくは立派なフランス語で…スムーズに進行した」「違和感があったのはむしろ…随分古めかしい日本語だった」と続けている。

㈣　「言葉が人間の文化の基礎をなすことは改めて言うまでもない」という同意表現に着目し、「人間社会」に言葉は「不可欠」だと述べていることをおさえる。

㈤　歴史地理学は「空間と時間の学問」に注目。「空間を考えるために歴史過程への視角を保ち…空間への視角を保つことなくしては、さまざまな事象の実態へは十分に接近し難い」と述べていることから考える。

㈥　筆者はまず「近代科学としての地理学と歴史学の分類」について説明した上で、「私が体験した一つの事例」としてパリでの体験を述べ、最後に「歴史地理学は『空間と時間の学問』と言うべき」とまとめている。

答　㈠端を発する　㈡エ　㈢ウ　㈣もとより人　㈤歴史地理学は、空間と時間の両方の視覚を保って事象の実態へ接近する学問だから。（38字）（同意可）　㈥イ

7

問二、A、ガリレオが「自作の望遠鏡」を作って天体観測を行なったことを述べ、その性能を説明したあと、「大学教授を集めて…望遠鏡を披露」した日のことへと話題を変えている。

B、一つめは、ガリレオが教授たちに望遠鏡で「地上の様子」をみて

もらったことを受けて、「どうでしょう」という言葉とともに結果を述べている。二つめは、「地上の様子」に続いて「天体をみせた」ことを受け、同様に「どうでしょう」と結果を述べている。

C、教授たちが望遠鏡の性能に驚き、ガリレオを「称賛」したという話のあと、「話はこれで終わりません」と状況が大きく変わることを示している。

D、ガリレオの望遠鏡が「下界においては見事に働くが、天上にあってはわれわれを欺く」ということを、「地上をみる分には…天に向けるとうまく働かない代物だ」と言い換えている。

問三、直前の、教授たちが「望遠鏡」をのぞいて見た迫力のある光景を指す。

問四、地上の様子を見たときは望遠鏡を「称賛」した教授たちが、天体を見たときは「こんなのはデタラメだ！」と批判したので、ガリレオは「天国から地獄へ」という気持ちになっている。

問五、「つまり、神が棲む世界です」と言い換えていることに着目する。「完全な法則に支配されたカンペキな世界」と説明されているものをおさえる。

問七、直前に「当時の人々が抱いていた天体の」とあることから、当時の人たちの天体に対する捉え方について書かれた部分をさがす。前に「当時、天上界というのは完全な法則に支配された…世界だと思われていました」とあり、さらに具体的に「そこでは、すべてのものが…統一ある姿をしています」と説明している。

問八、「当時は、『天上界と地上界はべつべつの法則に支配されている』という常識がはびこっていた」ことを理由として挙げている。

問十、教授たちがガリレオの望遠鏡を「下界においては見事に働くが、天上にあってはわれわれを欺く」と非難したので、ガリレオは「失意のどん底につき落とされ」たと述べている。また当時、天上界は「完全な法則に支配され、「月に…凸凹などあるはずがない」と思われていたと述べている。

答 問一、錯　問二、A、エ　B、イ　C、ア　D、ウ　問三、望遠鏡をの～されます。　問四、エ　問五、天上界　問六、ウ　問七、すべてのものが規則的に動き、美しく、統一ある(姿)　問八、イ　問九、エ　問十、ア・エ　問十一、ア、せけん　イ、実験　ウ、ひろう　エ、仰天　オ、しょうさん　カ、でし　キ、完璧　ク、狙

8

問1、A、「わたしは子ども時代…自意識の強い子」であったことを理由に、「わたしの基本的な欲求は…『自意識からの自由』であったと思います」と導いている。

B、「演技的に生きるのも…存在かもしれません」と消極的に認めた内容に相反して、「『これがしたい』という人生観は…自然な生き方ではありましょう」と積極的に推している。

問2、筆者が「子どもたちにうながされ」て童話を書いていることについて、「わたしの…子どもたちと太い糸でつながっています」と言い換えている。

問3、「『子ども代表の政治家』と自負している」ことに続けて、「『…のために』ではなく『…といっしょに』という発想が必要」と述べていることから、「いっしょに」という意味を持つものが入る。

問4、「『子どものために』という発想は…上から下を見る関係ではないのだろうか」と思い、さらに「…といっしょに」という発想でないと「子どもの本当の願いを深く理解することはできないし…『自由』の意味も理解できない」と考えていることに着目する。

問5、筆者は「…すべき」という「演技的に生きる」人生観よりも、「…がしたい」という人生観を「ひとりの人間としての自然な生き方」として肯定している。

問6、Ⅲでは、「『一流大学から…幸せな家庭へ』という、今までの軌道にひびが生じてきました」とあるので、「学歴社会の波に乗れば…約束される」ということはなくなってきている。Ⅳでは、「学歴社会」がなくなってきたら、子どもたちがとりもどせるものを考える。

問7、「そのふたつの関係を…どうコントロールするのか、その調整能力が」に注目。調整する「ふたつの関係」については、その前の「個人の自由をがむしゃらに追えば…ぶつかりあうことはさけられない」に着目する。

問8、「子どもの権利条約」について述べているので、これを実現させるため、つまり「『子どもの権利条約』に生命力をもたせるため」と、政治家としての筆者の仕事を述べているところをおさえる。

問9、一文に「この実感こそ」とあるので、子どもたちの「実感」について述べた後に入る。

問10、子どもたちの「自由への旅」を挙げつつ、「自由を表現するということは、みずからを律する責任をともなう」と述べている。

答 問1、A、エ　B、ア　問2、心の世界　問3、ウ　問4、（「子どものために」という言葉は、）思いあがりや上下関係に基づく発想で、子どもの本当の願いや「自由」を深く理解できないものだ（ととらえている。）（44字）（同意可）　問5、エ　問6、イ　問7、個人の自由と社会のきまりを調整する能力。（20字）（同意可）　問8、国内の法律～ていくこと　問9、イ　問10、ウ

9

問二、A、前では「リテラシー」という言葉の意味を説明し、その使い方の例を後に続けている。

B、「社会で生きていくのに理科も数学も必要ない」という考えを、一旦「そうかもしれない」としたのに対し、後では一転して、「理科や数学を学ぶことで…哲学（方法）を学んでいるはず」とその重要性を述べている。

C、「石油資源の枯渇問題や二酸化炭素のハイシュツ問題」に目を向けたときの人間の身の振り方として、前で述べた「石油に依存する生活を続けていくこと」を適切でないとし、よりよい方法として、「生物資源に依存すること」を後に示している。

問三、「生き物が絶滅するのを放置する」ことに対する評価であり、生き物の必要性を述べた直前の記述に着目する。「持続可能な社会を築く」ために「石油のかわりの材料となる資源」として「再生可能な資源としての生き物が重要になってくる」と説明している。

問四、「私たちは／それらの／生き物と／かかわって／生きて／いる」と分けられる。

問五、「生態系が供給する」サービスであり、人間はその「生態系サービス」に「まるっきり依存して生きている」とある。その言葉の意味を説明している直前の記述から、人間と生態系との関係を示した「私たち人間の暮らしは…生態系と生き物がかならず必要である」という一文に着目し、人間が生物から受けているものをとらえる。

問六、「現在すでに使っている」という「顕在的な価値」に対し、「将来使うかもしれない」という表出してはいないが、内に秘めていることを表す語が入る。

問七、「生き物の恵みを大事にする社会」では「身につけなければならない」能力であること、「リテラシー」とは「ある分野の事象を理解・整理し、活用する能力」であることをおさえ、「人とコミュニケーションをとる」ことをひきあいに、「生きものとうまくつきあっていくこと」について説明した記述の中から、私たちに必要だと述べられている能力をつかむ。

問八、「理科や数学」よりも「国語や英語の能力の方が重視され」ることにつながる理科と数学に対する考え方をとらえる。

問九、文章の最後の「だからこそ今、生き物の恩恵を…考える必要があるだろう」という筆者の主張をおさえる。なお、「生態系サービス」については、現在も人間は「まるっきり依存して生きている」とし、「これからも依存し続けるだろう」と述べている。また、それが「生物多様性によって提供されていること」について「正しく評価」してこなかったことを見直し、今後は生物多様性を残してゆくべきであるとしているので、ア・イ・オは適当ではない。ウは、「国語や英語の能力は軽視し」が本文には書かれていない。

答 問一、ⓐ 被害　ⓑ 転換　ⓒ 健全　ⓓ 放棄　ⓔ 排出　問二、A、ウ　B、イ　C、オ　問三、ウ　問四、六　問五、生物多様性から生み出されるたくさんの恵み　問六、イ　問七、生き物を正～生かす知恵　問八、社会で生きていくのに理科も数学も必要ない（ということ。）（20字）　問九、エ　問十、（例）私は海洋プラスチックごみ問題に関心がある。レジ袋やペットボ

トルは海洋生物に悪影響を与えているので使用を控え、ゴミの分別を徹底し、街中でも積極的にごみ拾いをするよう心掛けたい。また、プラスチック製品は意識して使わないようにしたいと思う。

10

問二、Ⅰ、関西人に比べると「関東人のほうが曖昧さを理解する能力が低い」と言えるが、それでも、「関東地方の人々であっても曖昧な日本語を駆使して生活している」という点を強調している。

Ⅱ、「人称を省く」のは「曖昧の美学」の一種であるが、もともと『あなた』という二人称自体が、曖昧の美学に基づくもの」であったと述べている。

Ⅲ、前の「本人をじかに名指し」しないいくつかの例に加え、「尊敬語や謙譲語にも」同様の働きがあると加えている。

Ⅳ、「～ても」と対応して、極端な例を示している。

問五、直前の段落で説明されたコミュニケーションの特徴をおさえる。「あまり事細かな表現は嫌われます」「なるべく直接的な表現を避けて、婉曲なものいいになります」とある。

問六、「いちいちこと細かく説明する社会」とは、「よそ者とつき合わなければいけない大陸諸国」のような社会のこと。これと対比されているので、「外からの人の出入りの少ない島国」のように、「多くを語らずに意思の疎通ができる」という洗練されたコミュニケーションが可能な社会をおさえる。

問七、「密閉された社会では人々の同質性が高まり、コミュニケーションが洗練され」るので、「人々の出入り」が激しい関東よりも、関西で「曖昧の美学」が発達したと述べている。

問八、「曖昧の美学」が発達している大阪の例を挙げ、「はっきり『ノー』と断るのは無粋だから、あえて『考えておきましょう』と婉曲な表現をしている」と述べている。

問十、尊敬語。ア・イ・ウは謙譲語。

問十一、「人称を隠す働き」を持ちながら、「それによって相手への敬意をそれとなく伝えることができる」と述べ、「尊敬語や謙譲語」の言語としてすぐれている点を指摘している。

答 問一、i、イ　ii、ア　iii、イ　問二、Ⅰ、エ　Ⅱ、ウ　Ⅲ、ア　Ⅳ、イ　問三、表現は　問四、イ　問五、なるべく直接的な表現を避けて、婉曲なものいいをすることを求められる（関係性）（33字）（同意可）　問六、密閉された社会　問七、イ　問八、エ　問九、意味合い　問十、エ　問十一、敬語には、人称を隠す働きとともに、相手への敬意を伝える働きがあるから。（35字）（同意可）

11

問二、「どうして／学校に／上がると／お歌と／お遊戯が／授業から／外されるんだろう」と分けられる。

問三、Ⅰ、「ルールそのもの」より、「ルールがなりたつための前提がなんであるかを理解させること」のほうがより重要であることを示す。

Ⅱ、「他人の身体に起こっていること」を、「直接に知覚できないこと」と言い換えている。

Ⅲ、「一生どこか欠乏感をもってしか生きられない」ことと「じぶんが…邪魔な存在ではないのかという疑いをいつも払拭できない」ことを列挙している。

問四、幼稚園で体験する大事なことについてまとめた直前の内容を指す。

問五、直前の「そういう」が「生きるということが楽しいものであることの経験」を指すことに着目する。

問六、「幼児期に不幸な体験があったとして」と仮定したことを受けている。

問七、「だれかの子として認められなかった子どもに…存在理由をあたえうる」場所で、すぐ前の文で「…その存在理由はない」と指摘されているのと同じものを指す。

問八、脱文の「他人へのそういう根源的な〈信頼〉」の指す内容を考えると、五段落に「相手も同じ規則に従うだろうという相互の期待や信頼」とある。

問九、幼稚園で「みなでいっしょに身体を使い、動かすこと」は「直接に知覚できないことを生き生きと感じる練習」で、それは「身体に想像力を備わせること」につながる。そうやって「他人を思いやる気持ち」を育むことをいう。

問十、直前の「こぼしたミルクを拭ってもらい…タンネンに洗ってもらった」ことを示す。

問十一、直前の文の「その経験」と同じ内容を指す。「経験」について説明した「自分が無条件に…世話されたことがあるかどうか」に着目する。

問十二、七段落に「家庭では…〈親密さ〉という感情である」とあり、八段落で「家庭という場所…無条件で他人の世話をうける」と述べている。そのことは九段落の「無条件に肯定された経験」であり、「生きることのプライド」につながる。

12

答 問一、a、軽視　b、著作　c、ぜんてい　d、丹念　e、じゃま　問二、七(文節)　問三、Ⅰ、(ウ)　Ⅱ、(エ)　Ⅲ、(イ)　問四、他人の身体　問五、(イ)　問六、不幸な体験　問七、学校　問八、ウ　問九、(エ)　問十、(イ)　問十一、自分が無条件に肯定された経験(14字)　問十二、(エ)

(一)　白杖を持った男性が「車内の混み具合を感じた」のかドア付近に立ち、急ブレーキでよろめかなかったことについて、難波さんが「用意しているんじゃないですかね…バランスの練習だと思って立っている」と言っていることに着目する。

(二)　日ごろから「サーチ能力と平衡感覚」を発揮している目の見えない人は、靴底から伝わる「電車の揺れや振動」を敏感に感じていることをふまえて、「サーカスの玉乗りのように、電車の揺れに合わせて…体勢を調整したり」していると説明している。

(三)　「感覚器官であり運動器官でもある足の面目躍如」とあるので、足が「感覚器官」と「運動器官」の両方の役割を果たしているところに入る。見えない人は電車で、「揺れや煽りがくる気配を感じ」ながら、バランスを崩したときにも「対応できるように構えている」という状態をおさえる。

(四)　1、「音も重要な情報源」と認めている。

2、目の見える人も、目の見えない人と同様に「揺れや振動を感じていますし…体勢の微調整」を行っているが、「同時に目からの情報も入ってきています」という違いを述べている。

3、「見えない人の場合は…予想しています」ということを、「準備をしているのです」と言い換えている。

4、見えない人が「電車の振動や揺れを楽しんでいる」ことは、「常にハイテンション」なのではなく、「常に注意力を要する…労力は相当なもの」であると強調している。

(五)　見えない人が、「慎重に予想」しながら電車に乗っていることについて、「『乗る』という行為はどれも対話的」だと説明していることに着目する。「乗る」ことは、「触覚的に『感じること』と…『運動すること』」が表裏一体になった行為」であり、「そこでは、一瞬一瞬変化する状況をとらえ…偶発事さえも次の動きにとりこんで」いることをおさえる。

(六)　「乗る」という行為は「どれも対話的」であり、「電車や波や仲間といった相手の動きを基準にして、自分の動きを決めていかなければならない」と述べている。

(七)　見えない人が、「靴底から伝わる電車の揺れや振動を敏感に感じている」ことは、「揺れや煽りがくる気配を感じながら…対応できるように構えている」ことにつながっている。

答 (一)イ　(二)ア　(三)C　(四)1、エ　2、オ　3、イ　4、ア　(五)変化する状況をとらえ、偶発事を次の動きに取り込むこと。(27字)(同意可)　(六)エ　(七)ウ

13

〔問三〕　X、「今日も雨だ」ということから感じる「叙情的な感想」で、「気が滅入る」と同じ気持ちを表す言葉が入る。

Y、情緒も哲学もまじえず「それを見たことのない人に分かるように」その形状を伝えることだけを目的とする表現方法を表す言葉が入る。

Z、乳児のむずかりのような「発信」は言葉がなくても「可能」であるが、「読み解いて理解することは言葉の独擅場」であることから考える。また「乳幼児のむずかり」について、このコミュニケー

ションの責任は「もっぱら相手」にあり、乳幼児が「誤読の責任を取ることはない」ことをふまえて、「言語活動は…これと正反対の構造を持ち、人に正反対の努力を求めるもの」だと述べている。

〔問四〕 Ⅰ、前には文学関係者の危惧が「近代文学の名作のケイシにつながる」という点にあると述べており、後には、「真の問題点は…夏目漱石や森鷗外が忘れられるということにあるのではない」と、文学関係者の危惧が根本の問題ではないということを述べている。

Ⅱ、「文章でものごとを描写させる訓練」を現代の高校に導入する方法の例を後に述べている。

〔問五〕 挿入する文の「教師の仕事」ということが、「文章でものごとを描写させる訓練」を高校に導入した際に、「教室を二つに分けて…討論させる」を行ったときに教師がすべきことを表している。

〔問六〕 文部科学省の政策とは「高校国語の新しい学習指導要領を実施する」ことを指しており、その目的として、「生徒の論理的な国語力の向上を目指す」こと、「主体的な表現能力の育成をハカル」ことがあげられ、「従来の名文読解の指導、教師が読み方を教え込む教育から、生徒に考えさせる教育へのテンカン」と述べている。さらに「文科省の本意」として「実社会の役に立つ国語教育を目指す」こと、「文豪の高尚な叙情や哲学ではなく、簡明で実用的な文章を教えたい」とあることをおさえる。

〔問七〕 人間は「まず言葉を与えられ、それによって物事を感じ、考える存在であること」が、文科省の言語観ではまったく忘れられていることを「浅薄」としている。また、「言葉」は、「本質的に一対一の伝達ではなく、当の相手のほかに第三の傍聴者を予定して」おり、「話者と複数の相手との共同体を作る営み」であるにもかかわらず、安易に捉えられ「乳幼児でもできる、むずかりや甘えと同程度にしか理解されていない」と述べている。

〔問八〕 言語活動は「乳幼児のむずかりや甘え」のように「一対一の相手に向かい…直接的に発せられる」ものではなく、「当の相手のほかに第三の傍聴者を予定している」という「話者と複数の相手との共同体を作る営み」であることを「正反対」としていることをおさえる。

〔問九〕 「第一は…」「もう一つススメたいのは…」と二つあげている。

答 〔問一〕ⓐ同義 ⓑ図る ⓒ選択 ⓓ転換 ⓔ軽視 ⓕ最低 ⓖ駆使 ⓗ異同 ⓘ勧め ⓙ慎重 〔問二〕A、ア B、イ C、エ 〔問三〕X、エ Y、ウ Z、ア 〔問四〕Ⅰ、エ Ⅱ、ア 〔問五〕討論させるのである。 〔問六〕1、イ 2、ア 3、ア 4、ア 5、イ 〔問七〕ウ・オ 〔問八〕イ 〔問九〕文章でものごとを描写させる訓練。・長い文章を要約する練習。（それぞれ同意可） 〔問十〕（夏目漱石）ア （森鷗外）オ （福沢諭吉）ウ

四 文学的文章

(1) 小　説 (48ページ)

1 問1、Ⅰ、千尋先生と開の会話が続いていることから、開とじっくり話をするために先生がとった行動が入る。

Ⅱ、開が「はい」と答えているので、肯定の意を表す動作が入る。

Ⅲ、千尋先生は「開君、音楽には魂を込めなくちゃ…人の心にも響かないよ」と厳しく指摘している。

Ⅳ、「自分の意思で決断した」ときの開の表情を示す。

問2、その様子から、開は『そんなに不出来だったのだろうか」と推測している。また、千尋先生が「あのね、直前に…ごめんね」と前置きしてから話し始めていることから、言いにくいことを伝えようとしていることをつかむ。

問3、直後の「打ち明けられなかった」ことを強める語が入る。

問4、直前の「今だけは忘れて…集中しなさい」という先生の発言に対し、「わかってるんです。父さん母さんにも…集中しろって言われたし」と答えていることをおさえる。

問6、京都君が直後に「なにアホなこと言うてんねん」と言っていることや、

「開の真剣な…京都君も真顔になった」ことから、それまでは開の言ったことを本気にしていなかったととらえる。

問7、「息を切らせて」は急いでいる様子を示す。直後に千尋先生に「…思います」と言っている内容をおさえる。

問8、あとの「大舞台だぞ…どうなるかわかって言ってるのか」というキタハラの言葉に対し、開は「ひどいことをしてるって…わかってます」と言っている。申し訳ないという気持ちから、キタハラの目を見られないでいることをおさえる。

問9、「ひどいことをしてるって…わかって」いるが、ここでは演奏しないことを「決めた」という逆の内容が続く。

問10、このあと、開は「ぼくが今、一番いい音を出せるのは…ぼくの音楽があるんです！」と自分の意思をはっきりと示している。

答 問1、Ⅰ、イ　Ⅱ、ウ　Ⅲ、エ　Ⅳ、ア　問2、ア　問3、イ　問4、演奏に集中できない。（同意可）　問5、副（詞）　問6、イ　問7、今から向かえば後半には間に合う（という気持ち。）（15字）　問8、ウ　問9、ア　問10、エ

2

問三、ポケットの中に入っていた「映画のチケット」や「レシート」の日付を見て、その日付の頃に自分が映画を見たり、レシートにある品物を買ったりしたことがわかる。そのことを、後の田村さんとのラインのやりとりの中で話している部分に着目する。

問四、人出が減ったのは「四月の八日過ぎから」とあることをおさえる。この後の「四月はじめに東京を含む…が出された」の一文に注目。

問五、直前の「ニュースで取り上げられるようになった」ものを指す。

問六、「四月はじめに…出された」ときの状態を指す。

問七、直後に「弁当ひとつではなんの役にも立たないかもしれないけど」としたうえで理由が続いている。

問八、前文と同じ文末になるので省略している。

問九、B、片づけをしていて「映画のチケット」や「買いもののメモ」を見つけた人。

C、Bの話を聞いて「謎のメモ」を思い出した人。

答 問一、ア、練　イ、休憩　ウ、貼（または、張）　エ、雰囲気　問二、オフライン　問三、エ　（一語）ヒント　問四、オ　問五、新型ウイルス　問六、緊急事態宣言　問七、休業したり～もなりたい（から）　問八、ラインのやりとりをする（11字）　問九、B、有田　C、田村　問十、副詞

3

問二、伯母さんは「一つの誤植を救い出そうとしていただけ」なので、誤植を知らせた相手からの返事が来なくても、伯母さんは少しも気にしていないことをおさえる。

問三、X、「首をすくめる」は、思わず首を縮めること。

Y、「息をひそめる」は、息をおさえてじっとすること。

問四、「活字の砂漠を旅し、足元に埋まった一つの誤植を救い出そうと」することを、「砂の海に輝く一粒の宝石」を掘り出すと言いかえている。

問六、喫煙ルームは、伯母さん以外には「誰もその部屋に用事はなかった」という空間になっていたので、伯父さんは最初から「お客さんをそこへ案内することはなかった」と述べている。

問七、「扉に耳を押し当てる」ことに反して、「何の気配も伝わ」ってこなかったことから考える。

問八、伯母さんの「孤独な作業」をそばで見ている「私」は、興味がないという振りをしながらも「本当は伯母さんのことが気掛かりで仕方ない」と述べている。

問十、「誤字」を見つけた伯母さんが、その字を発行元に知らせていることから考える。

答 問一、①無礼　②発展　③内緒　④してき　⑤いつく（しむ）　問二、イ　問三、X、ア　Y、オ　問四、1、活字　2、一つの誤植　問五、イ　問六、イ　問七、オ　問八、ウ　問九、イ　問十、ア

4

問二、A、「みやこの髪の毛」のことを、「まっすぐで、まっくろで」「とってもきれいだった」とほめていることから考える。

B、「みやこの髪の毛」のことを「腐った赤キャベツみたい」と表現し、「中学生ってほんとばかだよ」といつものセリフを言うるり姉に対し、みやこも「いつものよう」な態度をとっている。「女四人で、とりとめもない話をさんざんした」とあることから、和やかな空気であったことをおさえ、みやこの様子を考える。

C、「元気いっぱい」だったるり姉が現在病気で弱っていることに、「さびしさ」を感じている様子。

問三、「お姉ちゃん…また来て」と言ったるり姉に、「あたし」の視点から「お母さんは小さくうなずいた」と書かれている。

問四、病室を出る「あたしたち」に、るり姉は「ベッドの上で、笑顔で手を振ってくれた」が、「前は外まで見送ってくれた」ことに着目する。

問五、おばあちゃんの笑顔を見て、「一気に年をとったみたい」と感じていることをおさえる。

問六、カイカイの「イチゴのストラップ」を見て、るり姉も含めてみんなで「イチゴ狩り」をしたことを思い出していることをおさえる。

問八、みやこが「大きな足音を立てて」やって来て、「るり姉、死ぬんでしょ!」と言ってお母さんにぶたれた後も、まだ気持ちが収まらずに「花火大会にみんなで行こう、だって」と続けている様子に着目する。

問九、「帰りにおばあちゃんちに寄った」とあり、そこで「ちょい、ひさしぶりだね」と言うカイカイに会っている。また、みやこが「あたし」に向かって「三万円の図書カードもらえないじゃん…お姉ちゃんだけずるいよ!」「あたしだって…高校入学のお祝いほしいもん」と言っていることに着目する。さらに、るり姉が「さつきもバイトがんばって」と声をかけたこと、そしてお母さんに「バイトどう?」と聞かれて、「あたし」が「たのしくやってるよ」と答えたことから、「あたし」は「さつき」であることをおさえる。

答　問一、a、や　b、き　c、真剣　d、映　e、許可　問二、A、ア　B、エ　C、キ　問三、お母さん　問四、ウ　問五、ウ　問六、イチゴ狩りに行った(とき。)　問七、(例)友人が遅れてやって来たので、私は頭に血が昇ってしまった。　問八、みやこは大きな貧乏ゆすりをしている。　問九、ア・エ

5

問二、伸也は「ブログのコウシン」のためにディスプレイを見ている。「都会の人間」である伸也と豊泉が、自然である「夏の川と空」よりもおもしろいと感じていることや、川にいった陽介が「あのふたりはまだネットに熱中していることだろう」と考えていることをふまえて考える。

問四、Ⅰ、川幅が広い河口付近で、水がゆるやかに流れる様子。

Ⅱ、「言葉は途切れてしまった」とあり、陽介の質問に答えず、黙ってTシャツを洗う様子。

Ⅲ、派遣切りなどで失業した若者を援助し、支えようとする人がいないことを表す。

問五、修吾の「微妙な感情」を読みとれるようになった陽介は、修吾から「ひとりにしてくれという空気ではなかった」ことを感じとり、いっしょに川へいって水の気もちよさを楽しみながら、「ふたりきりになったらきいてみようと思っていた質問」をしている。

問六、ア、「伸也のように論理的に話すのは苦手である」と思ったことから、「それで数々の面接をしくじってきた」ことを思い出している。

イ、「論理的に話す」ことが苦手なので、「自分の言葉で…うまく伝わるだろうか」と不安になっている。

問七、修吾といっしょに川にいる陽介は、「この旅を始めてから、自分の言葉が短くなった」と感じ、「気もちいいといわれて、気もちいいと返す」というやりとりで「言葉の使用は十分」「力も発揮されていた」と思っている。

答　問一、a、更新　b、いやみ　c、採用　問二、ネットでつながっている世界(13字)(同意可)　問三、A、イ　B、エ　問四、ウ　問五、修吾とふたりきりになって、週刊誌の取材を嫌がる理由をきいてみたい(という思い)(同意可)　問六、ア、数々の面接をしくじって　イ、この旅のおもしろさ(それぞれ同意可)　問七、D

6

問二、「一足飛びに行けたなら」と考えたあとで、「ひと足でそこへ行っては

だめなのだ」と思いなおしていることに着目し、続くどのように進むべきかについての記述をとらえる。

問三、調律師の仕事に対する外村の考えに着目する。「ひとりでは完成しない。そのピアノを…初めて生きる」とし、「演奏する誰かの要望」を聞けるようになりたいと思っている。これを「評判のラーメン屋」にたとえた記述であり、「その人のおいしさ」が「演奏する誰かの要望」にあたること、「ラーメン屋」がラーメンをつくるのに対し、「調律師」がつくるのは音であることをつかみ、まとめる。

問四、外村の「評判のラーメン屋が」という言葉を聞いて、うれしそうに「寄ってく？」と答えた柳さんの、実際にはラーメン屋は存在していないことを知り、期待が外れたときの気持ちを考える。

問六、「何が足りないのか、わからないことが怖い」と考えていたときに柳さんに「怖い？　何が？」と言われたことに対する気持ちである。「頭で考えていた…いたらしい」と続けていることに着目する。

問七、前後で柳さんが外村にかけた言葉をおさえる。前では「だいじょうぶだ、外村は」「誰だ、業務とは別に…家では毎晩ピアノ曲集を聴き込んでるんだろ。だいじょうぶだよ」と外村の熱意や努力を肯定し、さらに後では「才能っていうのはさ、ものすごく好きだっていう気持ちなんじゃないか」と、前で述べた外村の日頃の行動を「才能」だと言いかえている。

答 問一、a、みが　b、そな　c、ごうよく　d、しゅうねん　問二、一歩ずつ、一足ずつ、確かめながら近づいていく（22字）　問三、演奏する人の希望を叶えるようにピアノの音をつくりだすこと。（29字）（同意可）　問四、エ　問五、③オ　④ア　問六、頭で考えていたことが口に出てしまい、それを柳さんに聞かれていたから。（34字）（同意可）　問七、ア

7

問四、石をさがしながらも清澄の質問に率直に答え、分かれ道に来ると、唐突に「じゃあね」と挨拶して、力強い足どりで進んでいく様子から考える。

問五、「好きなものを追い求めることは、楽しいと同時に…その苦しさに耐える覚悟が、僕にはあるのか」と思い緊張しながら返信したところ、宮多から清澄の趣味に理解を示すメッセージが届く。そのメッセージを読むことで、「わかってもらえるわけがない。どうして勝手にそう思いこんでいたのだろう…宮多は彼らではないのに」と思い、宮多への気持ちが変化して緊張が解けている。

問六、「あれ」は、「きらめくもの。揺らめくもの」など、目に見えていても触れることも保管することもできず消え失せてしまう、だからこそ美しいというものを指す。そういう美しさを布に刺繍して表現したいと思っていることをおさえる。

問七、宮多に自分の気持ちを率直に伝え受け入れてもらったことで、「明日、学校に行ったら…教えてもらおう」と、これまでと違う接し方をしようと思っている。また、「すべてのものを『無理』と遠ざける姉」のために、自分の思いを込めたドレスをつくろうと決心している。こうした気持ちの高まりが、動作や歩き方に表れている。

答 問一、①みちばた　③そんちょう　⑤ほ(められた)　問二、②イ　⑧エ　問三、エ　問四、ウ　問五、ウ　問六、ア　問七、イ

8

問二、「紫紋は一度も…郷里へ帰ることがなかった」のあとに、「盆も正月も…休みが取れなかった」「薄給ゆえに…ままならなかった」とその理由を続けているが、根底には、「中途半端な…いかな」いという「意地」があったからだと振り返っている。

問三、予想が外れた結果、「開店と同時に…満席になった」ことから、これとは反対の内容となる。「天気が…客入りは期待できない」と思っていた。

問四、Ⅰ、時間がたっても「客が途切れ」ない様子を表す言葉が入る。

Ⅱ、東京では「ドカ雪をみると」みんなが喜んでしまうほど、「雪が積もるのは珍しい」ことを表す言葉が入る。

Ⅲ、「二日二晩降り続いた雨」がやむのを待ち望んでいたことを表す言葉が入る。

問五、「おまいのおっ母がね……」という言葉で止めていることから、いつもと違う反応になったのは、母の話題だったからということに着目する。続

く場面で、「死んだおっ母も浮かばれるて。最後の仕事を…ほめてもろうて」と克夫がつぶやいており、紫紋の母親の話をきっかけに「おっ母」のことを思い出す克夫の心の動きをとらえる。

問六、「カツオさんのお母さん」の動作に対する「尊敬」を示す。

問七、克夫が、紫紋の年齢を聞いたあとに「そげな若いのに、大根のよさも縄の出来栄えも…たいしたもんじゃ」と続けていることから考える。

答　問一、①ウ　④ア　問二、中途半端な状態で郷里に帰るわけにはいかなかった(から。)(23字)　問三、ウ　問四、Ⅰ、エ　Ⅱ、ア　Ⅲ、イ　問五、紫紋の母の手料理の思い出話を聞いて、最近亡くなった自分の母親を思ったから。(37字)(同意可)　問六、エ　問七、ア

9

問2、A、文末の「～だろう」という推量を示す表現に呼応する語。

B、「～ようだった」というたとえの表現に呼応する語。

C、続く「巨大な画仙紙に向かっている小さな老人」を、それだけの存在であることを強調する語。

D、「数秒で」という短さを強調する語。

E、「湖山先生が僕に…言ったのか」という疑問を示す語。

問3、「僕」は、湖山先生の「言葉」を「自分のシヤや想像の外側にある場所にたどり着くためには…進み続けなければならない」と受け取り、今の「遠い場所」にいる。

問4、前に「もう二年経ったのだ」とある。「二年前」の出来事が「霜介の時が止まった」原因にあたる。

問5、この後、幻覚のように感じる先生が立っている様子を「現実に存在する誰かが…立っている」と客観的に表現した部分に着目する。

問6、「『描くこと』の本質」についての先生の教えを、「生きているその瞬間を描くこと」「描くことは…命といっしょにいること」ととらえている。

問8、先生が絵を描くことで、「僕も観客も湖山先生も…線によって結ばれていった」とある。また、「最も美しいものが生まれる最初の瞬間から…湖山先生と一緒に経験した」と、会場の人々が巻き込まれたことを示している。

問9、「ガラスの部屋に立っているよう」「オーケストラの指揮者がタクトをフリ上げたときのよう」「バラードを聴いているときのよう」など、比喩表現が多く見られる。また、主人公である「僕」の視点で描かれている。

問10、湖山先生は「できることが目的じゃないよ。やってみることが目的なんだ」と言い、結果を出すことは求めていない。

答　問1、(a)つど　(b)視野　(c)ただよ　(d)い　(e)振　(f)無造作(または、無雑作)　(g)えそらごと　(h)賛美　(i)拝　(j)万雷　問2、A、イ　B、ウ　C、ア　D、エ　E、オ　問3、ア　問4、父と母がいなくなった　問5、自分の心の内側　問6、命(または、生)　問7、オ　問8、エ・オ　問9、ウ　問10、イ

10

三、「葉月に…おとなしくなった」が、みさとであれば「ショックのあまり立ちなおれなくなっていた」ところを、「あいかわらずだれかれとなく…陰口をたたいたり」しているとあることに着目し、亜美が行動を改めていないことから考える。

四、指導室での古権沢先生と葉月の会話に対する行動であることから、葉月が先生に「呼びだされ」たときのみさとの気持ちをおさえる。「葉月は授業態度も…問題ない」「なんだって呼びだされたりするのだろう」とある。

五、「不審者対策」について他の学校も「心配し、悩んでいる」という意味。

六、「指導室」に呼び出されるのは問題のある生徒と考えているみさとが、葉月が呼び出された理由を「他校の中学生」などが葉月を見に来たからだと知ったことにより生じた気持ちであること、「だからって、真野さんはなにも悪くないじゃない」と言っていることに着目する。

七、教室に戻ってきた「葉月」の「終始無言だった」様子についての表現であり、葉月がいつも誰とも話していないことをつかむ。また、葉月が先生に呼び出された際にみさとが「いつもひとりでいる」と葉月の印象を示していることもおさえる。

八、「そろそろと」は、様子を表す擬態語。ウ以外はすべて音を表す擬音語。

九、「放送室、使う?」と声をかけたときの気持ちである。みさとがこのよう

に言ったのは、葉月が大声を出そうとしたのをこらえ、代わりに木をたたいているのを見たあとで、感情を発散する場所として「放送室」をあげていること、声をかけたときの葉月の様子を「かみつきそうな目をしていた」と表現していることから考える。

十、脱文の前に「まずい」と思うような出来事があり、後にその気持ちから取った行動が描かれている部分を選ぶ。

十一、「防音室の鍵を開けて」あげたときに、葉月が「ためらうように立ちどまっ」たこと、その様子を見たみさとが「原稿書いてるから」と自分の用事をわざわざ伝えていることから、みさとは葉月が「防音室」を使うことを気がねしないようにと配慮し、行動していることをとらえる。また、防音室から葉月が出てきたときに、「顔がわずかに赤い」と気付きながらも何事もないようにふるまっているみさとの気持ちもおさえる。

答　一、①傍若　②びんかん　③侵入　④一瞬　⑤みき　二、(i)　三、ウ　四、葉月が先生に呼び出される理由を知りたいから。（または、葉月が先生に呼び出される理由が気になるから。）（同意可）　五、頭　六、エ　七、周囲と話さず、いつも一人で過ごしている。（20字）（同意可）　八、ウ　九、ア　十、C　十一、イ

(2) 随筆（78ページ）

1

1、前で、「結構うるさいほどの音量」である波音に慣れて「その波音を心地よいものとして身体が受け入れる」のは、「波音が自然な音だからだろう」と述べている。

2、「この星が創り出す音や景色」の具体例を後に挙げている。

3、一文に「そろそろ…行きたいよ」とあるので、「自然」にふれたいという欲求について述べているところに入る。

4、地球が「創り出す音や景色」にふれることは大切であり、「そうやって自分の中に…さまざまなポジティブなことをもたらしてくれるかもしれない」と述べている。

答　1、a、心地よいものとして受け入れる（14字）（同意可）　b、自然な音　2、ア　3、A　4、広さや豊かさを持つ

2

問一、a、アは「講堂」、イは「公園」、ウは「構想」、エは「後悔」と書く。
b、アは「担任」、イは「単純」、ウは「短気」、エは「探検」と書く。

問三、「鳥はもちろん人間の耳を楽しませるためにさえずっているのではなく」と前置きした上で、鳥のさえずる理由について説明している。

問四、「なるほど地味である」と続いているので、その前で「地味な名前があてがわれて」いると述べられた「鳴き声」を指している。

問五、この「できばえ」は、「メスを誘う」ためにつくった「小屋のようなコウ造物」の「できばえ」なので、「メスを誘う」ための行動について説明しているところからさがす。

問六、「…かのように」という比喩の表現に着目する。

問七、直後の「誰もが芸術を頭で理解しようとする。ではなぜ…そうしないのか」という言葉について、続けて補足的に説明をしている。

答　問一、a、ウ　b、エ　問二、①オ　②ア　③ウ　問三、縄張りの誇示、そして異性への求愛のため（19字）　問四、地鳴き　問五、造形美　問六、ウ　問七、芸術も、自

3

問二、A、「日記」の内容について、「3分の1は自己反省」であり、そのことに加えて「反省内容がまったくかわらない」と述べている。
B、「日記」に書いた「自己反省」の内容を受けて、「私は自分の欠点を重々承知しており…なおらない」と結論づけている。
C、「欠点」について、人と人との関係を「深めていく」ものであるとともに、「人間くささ」を感じさせるものでもあると述べている。

問三、「自分の欠点を重々承知して」いながらその欠点が「なおらない」筆者が、延々と自分のことばかり話す友人も自分と同様なのだろうと思い、「この人も」と述べていることをふまえて探す。「この人も、わかっている」ことは、直後で倒置を用いて述べている。

問四、「私」の欠点について、前で「私もきっとハタから見れば…と思われるだろう」と推測している。

問五、前の「彼のシュウイには、その彼の話好きを…受け入れている人々がちゃんと集まっている」に着目し、こうした「人々」を「真の友人」と述べていることをおさえる。

4

答 問一、ⓐ誇張 ⓑ武勇伝 ⓒ周囲 ⓓあ ⓔて 問二、A、ウ B、オ C、ア 問三、なおらない自身の欠点 問四、調子に乗ってはくよくよしている（15字） 問五、ウ 問六、ア 問七、美点

問四、A、「十分幸せだった」ものの、「幸福感とは若干違った」と但し書きをつけている。
B、「幸福感とは若干違った」ということを受けて、「なぜ幸せだったのか」という観点に移っている。
C、「寒さから逃れる」ために、「提案者のドクターを雪に埋めた」結果を述べている。
D、日本へ帰ることを考えると「何とも言えない喪失感が身を包んだ」ように、「帰国して十数年…ダラダラと過ごしていた」という事実を続けている。
問六、「高揚感＝」とあるので、「何でも前向き・即実行という人たち」と暮らしていた南極大陸で感じた「高揚感」と同じような気持ちを探す。前で、「自分の提案したことが即採用され…はっきり言って幸福である」と述べていることにも着目する。

問七、前で述べている「人たち」を指す。

問八、「ピンとこない」は、いまひとつ心に響くものがないようす。豆腐を「7か月保存」することは、一般人にとってあまりなじみのないことである。

問九、「なんでも受け入れます状態」とは、7か月ももつ豆腐をつくる「メーカーの人たち」の様子を表しているので、同じように南極観測隊員たちが「何でも前向き・即実行」していたことをおさえる。

問十、「なんと観測隊と同じ空気をただよわせているのである」とあるので、観測隊がいた場所をおさえる。

問十一、「何でも前向き・即実行という人たちと暮らしている」と、「はっきり言って幸福である」と述べている。また、筆者は南極から「帰国して十数年…ダラダラと過ごしていた」とも述べている。

5

答 問一、㋐えっとう ㋑環境 ㋒絶好 ㋓そうしつかん ㋔じょうおん ㋕奇跡 問二、ⓐア ⓑオ ⓒエ ⓓイ ⓔウ 問三、①イ ②ア 問四、A、イ B、ア C、エ D、ウ 問五、エ 問六、幸福感 問七、何でも前向き・即実行という人たち 問八、イ 問九、まずはやってみようの雰囲気 問十、南極大陸 問十一、エ・オ

問二、A、「肉体的にもセイシン的にもかなりハード」な仕事にもかかわらず、「まるで大音楽家に対するように接し、丁寧に厳しくコメントしていく」とあり、熱心に取り組んでいることを表す語が入る。
B、「こちらから尋ねよう」と考えていた時に、マエストロから言われているので、先に仕掛けられることを意味する語が入る。
問三、Ⅰ、ロストロポーヴィッチが「スッバラシイー」という言葉を連発するようになったいきさつを説明しようとしているので、きっかけやはじまりを意味する語が入る。

Ⅱ、「貶し言葉」を「褒め言葉」に転用するとあることから、本来の意味とは反対の意味を含ませる表現法が入る。

Ⅲ、「『枕草子』の頃から」の「『あはれ』の一言で括ってきた伝統」が、「わたしたち」の表現に影響を残していることを表すので、言葉の使い方を意味する語が入る。

問四、「だって、米原さんは…必ずスッバラシイーと転換しているんだもの」と続けている。ロストロポーヴィッチが、ロシア語では使い分ける必要のあるたくさんの褒め言葉を、日本語では「素晴らしい」という一言で表現していることに気づいた時の感想である。

問五、「ロシア語」でも「英語」でも、「『素晴らしい』と解釈できる形容詞」がたくさんあり、それらが「使い分けられている」ことについて、「感動

が嘘偽りないものだと…感じさえする」「極めて緊張した…かいま見える」「こんなときに思わず…考えられているらしい」と述べている。ロシア語を「いちいち、『輝かしい』だの『驚嘆すべき』だの…ニュアンスをチュウジツに伝えるべく日本語に置き換えていた」時に「ひどく気恥ずかしい」と感じていたというのは筆者の話である。

問六、「清少納言のエンチョウ線上」で捉えられると述べていることから、「心を揺さぶられたおりの多様なニュアンス」を『あはれ』の一言」で括ることと同じような行為を表す文が入る。

問七、ア、子供たちが作曲した作品にコメントしている時に、通訳の言葉を聞いて「スッバラシイー」という言葉を覚え、以降この言葉を「連発」するようになっている。

イ、ロストロポーヴィッチは「スッバラシイー」を「実に便利な言葉だね」と言っているが、「多様な形容表現」を一言で表現することに「感動している」という様子は見受けられない。

ウ、ロシア語や英語に「素晴らしい」と解釈できる形容詞が多数あることについて、「彼らは、何かに感心感嘆しつつも…この豊富な語彙の中から、選び取る作業を大わらわでしているはずなのである」と推測し、「必死な感じ」さえして、「極めて緊張した人間関係」が伝わると述べている。

エ、「あはれ」の一言で括っていたことを「伝統」と言い表しているが、「ロシア語」や「英語」の「多様なニュアンス」を自然な表現で「日本語に置き換え」ることについて、「解決法」が発見できていないとあり、「素晴らしい」という語に「身構える」とも述べていることから、筆者がその伝統に「誇りを持っている」とは考えにくい。

答 問一、ア、順調　イ、風景　ウ、精神　エ、忠実　オ、延長　問二、A、エ　B、オ　問三、Ⅰ、ア　Ⅱ、エ　Ⅲ、キ　問四、必ずスッバラシイーと転換していて、一つの日本語で表現できることに気づいた（36字）（同意可）　問五、ア　問六、ア　問七、ア、○　イ、×　ウ、○　エ、×

6

問三、春になって最初に咲く梅の花は「慎み深い」花であり、「賑やかな存在」ではないと述べていることに着目する。

問四、梅を見た筆者は「格式」という言葉を連想しており、「全体としては華々しいというより…奥ゆかしい」と感じていることをおさえる。

問五、和歌集で、「四部」に分けられており、「それぞれの季節の和歌は」と続くことに注目。

問六、「春の花々の女王格は桜の花だ」とあるので、桜の花について「最も」と表現されていることに着目する。

問七、A、直前の「桜の花が…なかなか散らないとしたら」や、「いつまで咲きつづけるか不確かだからこそ…心を奪われる花になった」と述べていることから考える。

B、直後の「世は定めなきこそいみじけれ」は、この世に変わらないものはないからこそすばらしいという意味。

答 問一、ⓐ正直　ⓑ帯　ⓒ絶好　ⓓ連想　ⓔ栽培　問二、(1)エ　(3)ウ　問三、イ　問四、梅の花は、華々しいというよりは奥ゆかしい感じの花であるから。（30字）（同意可）　問五、春夏秋冬　問六、日本人が最も心を奪われる花　問七、A、いつまで咲きつづけるか不確かだから。（同意可）　B、イ　問八、ウ

7

問一、Ⅰ、後に「男子ならでは」とあることから考える。

Ⅱ、チョウを採集する本来の目的を考える。

Ⅲ、「ルールです」とあることから考える。

Ⅳ、「チョウとガの見分け方」について「例外」でないものを取り上げている。

Ⅴ、「つい」とあることから、「飛んでいる姿を見る」とすぐさま「判断して」いる様子をおさえる。

問二、「めずらしいもの、新しいものを発見したい」という男子ならではの「欲求」と並べて取り上げた、男子の「ちょっと子どもっぽいところ」が表れている思いつきをおさえる。

問四、「生まれてはじめて、本当に手元の図鑑に載っていないチョウを見つけた」とき、テレビゲームの「未知の裏ワザを偶然見つけてしまった時」と同じように、「おいおい」「すごいものにめぐり合っちゃった」などと思ったと述べている。

問六、直後の「迷蝶というのは…チョウということです」に注目。

問八、抜けている一文に「懲りもせず」とあるので、みんな「見たことがないやつ」を「つかまえてしまう」ことについて述べたところへ入る。

問九、「手元の図鑑に載っていないチョウを見つけた」ときとあるので、まずは「飛んでいるとき」、次に「じっくり眺めて」みて、さらに「手元の図鑑」で確認するという観察の順番を考える。

問十、「生まれてはじめて、本当に手元の図鑑に載っていないチョウを見つけた」ときの、「後にも先にも…あんなに至福だった時間はありません」というエピソードに着目し、その正体が「迷蝶」でしかも「わりと有名」なものだったと知ったときの筆者の様子をおさえる。

答 問一、Ⅰ、オ　Ⅱ、イ　Ⅲ、ウ　Ⅳ、ア　Ⅴ、エ　問二、ただ見つけるだけじゃなく、その腕を競い合いたくなってしまう（29字）　問三、(1) e　(2) エ　問四、ア　問五、イ　問六、その場所に定着しておらず、たまたま迷い込んで来たチョウ。（28字）（同意可）　問七、ア　問八、D　問九、ウ→ア→イ　問十、もうお腹の一番奥底から、タメ息が出ました

五　詩（90ページ）

1
問一、話し言葉で、音数にきまりのない詩。

問二、第一連の「ほんとうは…ないのだった」と「もしも　ここに…住んでいないのだったら」の語順が逆になっているように、第二・三連でも語順が入れかわっている。

問三、「汚れた空に」出て下さるもの。「出て下さっている」とある第三連の行に注目する。

問四、前の「人間だけしか住んでいないのだったら」に対し、後には「ここには／何も知らない　ほかの生き物たちが／…暮している」という逆の内容が続く。

問六、「その」とあるので、直前の第二連で、「自分たちの空を　見あげながら」「どうして　こんなに汚れたのだろうと」思っているものの「目」。

問七、ア、「こんな　汚れた空に／出て下さるはずなど　ない」に、人の行為に対する反省が表現されている。
イ、「文明発展」は表現されていない。
ウ、動物の「保護」は表現されていない。
エ、「虹は　出て下さっているのだ」に「絶望」は感じられない。
オ、「出て下さる」という敬語表現に、「虹」への敬意が感じられる。

答 問一、イ　問二、ア　問三、虹　問四、ウ　問五、エ　問六、ほかの生き物たち　問七、ア、○　イ、×　ウ、×　エ、×　オ、○

2
(1) A、琴が「空の美しさに耐えかね」とあるので、人間でないものを人間にたとえている。
B、「ようだ」と比喩の表現を用いている。
C、表現や内容が対になる二つの文が並んでいる。
(2) A、「空の美しさに耐えかね」「琴はしづかに鳴りいだす」と、空の美しさを美しい音色の琴を使ってたとえている。
B、蟻がえさとして引く蝶の羽を、「ヨットのようだ」と具体的な形でたとえている。
C、「太郎」「次郎」という一般的な名前を使っていること、屋根に積もる雪をたんたんとした調子で描いていることから考える。

答 (1) A、イ　B、エ　C、ウ　(2) A、2　B、1　C、3

3
問一、話し言葉で、音数にきまりのない詩。
問二、子どもが「なんでも　不思議がります」「それで　子どもはいつも　たのしそうです」という一方で、大人は「さびしがりや」「なんでもあたりま

えになってしまいました」と述べていることから考える。

問三、「ペンが細長い」「マッチ箱が四角い」「マッチ棒の先に円いぽっちがついているのも」など、さまざまに挙げたことのいずれに対しても、おとなが「あたりまえ」と感じていることに着目する。

問四、「あたりまえになってしまってから」「それらはみんな姿を消して」に注目。「あたりまえ」になるとは、不思議に思わないことであり、興味を持てなくなってしまうこと。

問五、「みんな忘れて」とあることから、「あたりまえ」になった「ペン」「マッチ」「ドア」のような日常的に使うものを指す。

問六、直前に「なにかをいつも欲しがっています」とある。おとなは日常で使う「美しいもの」「かわいいもの」「素晴らしいもの」が見えなくなっているので、たくさんのものがあるのに、なにかを欲しがってしまう様子をさがす。

問七、ア、「一りんの花」「小さなボタン」「電信柱」などといった、日常の何にでも子どもは「これなあに?」と興味を示している。

イ、「さびしがりや」なのは「おとな」である。

ウ、「子ども」は「たのしそう」であると述べている。

エ、おとなは、「すぐ目の前にある美しいもの」「かわいいもの」「素晴らしいもの」を「みんな忘れて」いて、興味を持たない。

オ、おとなは「なにかをいつも欲しがって」いるので、子どもより物欲がある。

答 問一、ア　問二、イ　問三、あたりまえ　問四、エ　問五、ウ　問六、欲ばり　問七、ア、○　イ、×　ウ、×　エ、○　オ、×

六　古　文（94ページ）

1

(1)「世の中にある人」はこの文の主語で、述語は「言ひ出だせるなり」なので、主語に用いる助詞を選ぶ。

(2) 語頭以外の「は・ひ・ふ・へ・ほ」は「わ・い・う・え・お」にする。

(3)「いづれか」の「か」は反語を表す係助詞で、「〜か、いや〜でない」という意味なので、「この世で生きているもので、どれが歌を詠まないことがあろうか、いや、すべてのものが詠むのだ」という訳になる。

答 (1) ウ　(2) いいいだせるなり　(3) ア

◀口語訳▼　和歌は、人の心をもとにして、いろいろな言葉となったものだ。世の中で生きている人は、関わる事柄やするべきことが多いので、心に思うことを、見るものや聞くものに託して、言葉に表しているのである。（梅の）花で鳴く鶯や、水に住む蛙の声を聞くと、この世で生きているもので、どれが歌を詠まないことがあろうか、いや、すべてのものが詠むのだと思うのである。

2

問二、手紙に雪のことを「一筆」も書かなかった筆者に、「今は亡き人」が「かへすがへす口惜しき御心なり」と書いた返事をよこしている。

問四、「今は亡き人」は、「雪のこと何とも言はざりし」手紙をよこした筆者を「ひがひがしからん人」だと批判している。

問五、「べき」は、可能の助動詞「べし」の連体形。「かは」は、「〜だろうか、いや〜ではない」という意味の反語。

問六、「をかしかり」ともあるので、「ひがひがしからん人」だ、「口惜しき御心なり」などと率直に言ってきた「今は亡き人」のことを、筆者はいい思い出として懐かしんでいる。

答 問一、A、ふみ　B、おお(せ)　問二、イ　問三、a、イ　b、ウ　c、ア　問四、エ　問五、イ　問六、ア　問七、1、ウ　2、吉田兼好　3、カ　4、コ（3・4は順不同）

◀口語訳▼　雪が見事に降った朝、ある人のもとへ言うべきことがあって手紙を送ったところ、雪のことを何とも言わなかった手紙の返事に、「この雪をどのように見ましたかとは、一言もお書きにならない、そのような風流を解さない人がおっしゃることを、聞き入れることができるでしょうか、いや、できません。つくづく残念なお心でございます」と書いてあったのは、感慨深いことであった。

その人は今は故人であるので、これだけのことでも忘れることはできない。

3

問一、A、「づ」は「ず」にする。

B、語頭以外の「は・ひ・ふ・へ・ほ」は「わ・い・う・え・お」にする。

C、助動詞に含まれる「む」は「ん」にする。

D、促音の「つ」は小さい「っ」にする。

E、「au」は「ô」と発音するので、「やう」は「よう」、「らう」は「ろう」にする。拗音の「よ」は小さい「ょ」にする。

問二、Ⅰ、「千たび」は千回の意で、ここではそれくらい数多く、何度もという意味。

Ⅱ、「いかが」はどのようにの意。「せ」は動詞「す」の未然形。

Ⅲ、直前の「上臈鼠」と対比されていることから考える。

問三、「足音高くなどせば」用心することもできるが、そうではないので油断してしまうということ。

問四、音がすれば、猫が来るとわかるということ。「やって来る」などでもよい。

問五、前の「猫の首に鈴を付けておき侍らば…」という案に同意している。

問六、猫に「油断して取らるるのみなり。いかがはせむ」と話し合う集まりである。

問七、猫の首に鈴をつけるという案が出ても、それを実現させられる鼠がいなかったために、無意味な話し合いになったことをおさえて選ぶ。

答 問一、A、いたずら　B、いい　C、なん　D、もっとも　E、じょうろう　問二、Ⅰ、ア　Ⅱ、オ　Ⅲ、エ　Ⅳ、イ　問三、エ　問四、近づいている（同意可）　問五、猫の首（または、かの猫）(に)鈴を付ける(こと。)（同意可）　問六、ウ　問七、オ

◀口語訳▶　ある時、鼠の老若男女が集まって協議したことには、「いつもあの猫といういたずら者に殺されるとき、何回も悔やむけれども、そのかいがない。あの猫が、声を立てるか、そうでなければ足音を高くなどすれば、あらかじめ用心することもできるけれども、密かに近づいてくるために、油断して捕まえられるだけなのだ。どうしたらよいだろうか」と言ったところ、年寄りの鼠が進み出て申したことには、「結局のところ、猫の首に鈴をつけておきましたら、簡単に知ることができるだろう」と言う。皆々「もっともなことだ」と同意した。「それならば、この中から誰が出て、猫の首に鈴を付けなさるだろうか」と言ったところ、身分の高い鼠から低い鼠に至るまで「私が付けよう」と言う者はいない。これによって、その時の話し合いは決着がつかないで退散した。

4

問一、つぼを値切ったのは、つぼから手が抜けなくなった「ある数寄者」。他の動作主は、今焼きのつぼを店に出して売っていた者。

問二、店の者が「千貫ならばうらう」と答えていることから考える。

問三、手が抜けない状況をいいことに、「千貫」とつぼに高い値をつけていることをふまえて、つぼが割れてしまうことを心配する理由を考える。

問四、「いまちやうじや」は「いまちょうじゃ」と読む。つぼと格子から抜けなくなった者から「六百貫」を受け取って、急に「長者」になった者を「今長者」と表現しているので、「長者」と同義の語を探す。

問五、つぼから手が抜けなくなった者は、本来「百貫」ほどのつぼを「五百貫」もの高値で買った上に、「さてかへりてぬかう」としたところ格子にもひっかかったので、格子まで買っていることに着目する。

答 問一、ウ　問二、エ　問三、手が抜けて高い値で売りつける機会を逃して(20字)（同意可）　問四、俄に分限に　問五、ウ

◀口語訳▶　このほど上京で急に金持ちになった者がいた。今焼きのつぼを店へ出した。ある風流人が格子の中をのぞき、このつぼを見て、「さてさて変わった物だな、口が広いが、だいつぼとして使うのがよかろう」と言って手を入れてみた。入れてみると、この手が抜けなくなり、こまって、まずつぼの代金を尋ねる。中からこの手もとを見て、「千貫なら売ろう」と言った。これを聞いてとても驚き、「おいおいそんなに値段のはる物ではないぞ。百貫

に」とねぎった。「とてもそんな値段では売れない」と言った。二百貫、三百貫までねぎった。「ではこちらへ」と言って引いたが、次第に手がはれて抜けない。「ならば五百貫で買おう」と言った。もしも手が抜けないうちにつぼが割れてしまっては、（高い値で売れなくなってしまうと思って）値を負けて金を受け取った。さて帰ってから抜こうと思ったが、また格子に引っかかって出られない。「ついでに格子も買おう」と言ってまた百貫を出し、六百貫を受け取り、今長者と言われた。

5

問一、①「ゐ」は「い」にする。

②「au」は「ô」と発音するので、「やう」は「よう」にする。

問二、A、在家人は、「世間・出世」のことまで山寺の僧を頼っている。

D、この僧はいつも「万の病に、『藤のこぶを煎じて召せ』とぞ教へける」ということをしており、今回も同じように言っている。

問三、「ざる」「無し」は否定を表している。「万の病」が癒えないことはない、という二重否定になっている。

問四、C、馬を失って、「いかが仕るべき」と山寺の僧に頼っている人物。

E、いつものように、「藤のこぶを煎じて召せ」と言った人物。

問五、「心得がたし」とは、理解しにくいという意味。今回は馬を失って尋ねたのに、病のときと同じように「藤のこぶを煎じて召せ」と言われたことをおさえる。

問六、直前の「あまりに取り尽くして近々には無かりければ」に注目。

問七、在家人はあらゆることに関して山寺の僧を信じて言われるとおりにしており、馬を失ったときも「心得がたけれども、やうぞあるらんと信じ」たことをおさえる。

答 問一、①もちいる　②よう　問二、A、1　D、3　問三、1　問四、C、在家人　E、山寺の僧　問五、2　問六、取り尽くしてしまって、近くにはなかった（19字）（同意可）　問七、信　問八、3

▲口語訳▼　ある在家人が、山寺の僧を信じて、日常生活に関わること・仏教に関わることで深く頼りにして、病気になることもあったら薬までもたずねた。この僧は、医術の心得もなかったので、すべての病気に、「藤のこぶを煎じて飲みなさい」と教えたことだ。これを信じて用いたところ、あらゆる病気で治らないものはなかった。

ある時、馬を失って、「どうしたらいいでしょうか」と言ったところ、（僧は）いつものように「藤のこぶを煎じて飲みなさい」と言う。納得できなかったが、理由があるのだろうと信じて、（藤のこぶは）あまりに取り尽くして近くにはなかったので、山のふもとを探しまわった時に、谷のあたりで、いなくなった馬を見つけたことだ。これも（僧を）信じたことがもたらした結果である。

6

問一、「au」は「ô」と発音するので、「やう」は「よう」にする。

問二、その様子を見た「国司の郎等」が「この老翁…」と腹を立てていることに着目する。老翁とは、年配の男性を指す言葉。

問三、「白髪の武士」のこと。保昌が任地に向かう途中で会った人物である。致経は、「白髪の武士」を「愚父平五大夫」であると説明し、それにより保昌は「白髪の武士」を「致頼」であると言っているので、「白髪の武士」「平五大夫」「致頼」は同一人物とわかる。

問四、保昌が「従者をよく制し」たのは、彼が老翁の振舞を見て「ただものではない」と気づき、侮らなかったからである。

問五、保昌に見る目があり、戦いになるのを避けられたとして、その行動をたたえている。高名は手がらのこと。

答 問一、たてようなり　問二、イ　問三、ア　問四、保昌、かれ　問五、ウ

▲口語訳▼　丹後守保昌が、任地に向かって下った時、与謝の山で、白髪の武士一騎に出会った。木の下に少し入り、顔を見られないように笠を傾けて立っていたのを、保昌の従者が言うことには、「この老翁は、なぜ馬から下りないのか。けしからん。とがめて馬から下ろすべきだ」と。そのとき保昌が「一騎当千の騎馬武者の立ちようだ。ただものではない。とがめてはいけない」と制して、そのまま行き過ぎた。三町ほどおくれて、大矢右衛門尉致経が、たくさんの従者をしたがえているところに出会った。（致経は）威儀を正して

弓を取り直し、国司の保昌に挨拶をし、「この辺りで老翁が一人、お会い申し上げたのではないでしょうか。あれは我が愚父平五大夫でございます。まったくの田舎者で事情をわきまえておりません。きっと無作法をいたしたことでございましょう」と言う。致経が通り過ぎた後、保昌は、「思った通りだ。あれは致頼であった」と言ったという。

この党は、頼信、保昌、維衡、致頼といって、世に優れた四人の武士である。強い者同士が戦えば、ともに死なないということはない。保昌は彼の振舞を見て、侮らなかった。従者をよく制し、何事もなく、無事でいられたのである。すばらしい功績である。

7

問一、a、「ぢ」は「じ」にする。また、語頭以外の「は・ひ・ふ・へ・ほ」は「わ・い・う・え・お」にする。

b、語頭以外の「は・ひ・ふ・へ・ほ」は「わ・い・う・え・お」にする。

問二、「あやし」は、普通でない事象や、正体不明なものに対する不可解な気持ちを表す語。

問三、姫君が「取り集め」て、その「成らむさま」を観察しようとしたものをおさえる。

問四、「烏毛虫」の「心深きさましたる」ところを「心にくけれ」と思った姫君は、「耳はさみをして」夢中になってその虫を「まぼり」なさっている。

問五、姫君が「名をつけて」おもしろがっているものを考える。

問六、Ⅰ、「つくろふ」は、姿かたちを整えて飾ること。「わろし」は、好ましくないという意味。

Ⅱ、「つくろふこと」を「わろし」と考えていた姫君は、眉を抜いたり、歯黒をつけたりして「つくろふこと」をしていない。

答　問一、a、おじ惑い(または、おじまどい)　b、いうかいなき　問二、エ　問三、よろづの虫の、恐ろしげなる(13字)　問四、ⅰ、ア　ⅱ、エ　問五、虫　問六、Ⅰ、ウ　Ⅱ、イ　問七、ウ

◀口語訳▶　この姫君は、「人々が、花よ、蝶よともてはやすのは、浅はかで不思議なことである。人間は、真実である、本来の姿を追究してこそ、心のあり方としてすばらしいのである」とおっしゃって、いろいろな虫の中でも、恐ろしそうなのを採集して、「これが、成長する様子を観察しよう」と言って、さまざまな虫籠などにお入れなさった。中でも、「毛虫が、思慮深い様子をしていることにこそ心ひかれる」と言って、朝晩、前髪をかき上げて耳の後ろにはさみ、毛虫を手のひらにのせてじっと見守りなさる。

若い女房たちはひどく怖がったので、男の童で、物おじしない、身分の低い者をお呼び寄せになって、箱の中の虫たちを取らせ、名を問い聞き、さらに新しい種類の虫には名をつけて、おもしろがっていらっしゃる。

「人はみな、見かけの美しさを大切にしているのはよくない」と言って、眉毛はまったくお抜きにならない。おはぐろも、「まったくわずらわしい、きたならしい」と言っておつけにならず、真っ白な歯を見せて笑いながら、この虫たちを、朝夕にかわいがっていらっしゃる。

8

問1、ア、「ゑ」は「え」にする。

イ、「づ」は「ず」にする。

ウ、「au」は「ô」と発音するので、「やう」は「よう」にする。

問3、「我より手上の者ども、広き天下にいかほどもあるなり」に注目。

問4、「おのれ」は、自分のこと。「自慢して…わがままをする」一方で、自分の欠点を隠すために上手な人を非難する者を考える。

問5、「いはく」は、言うことにはという意味なので、直後から引用の格助詞「と」の前までが発言になる。

問6、「今はむかし…未練のゆゑなり」という話から、白鷺の絵の話に変わっているところを探す。

問7、本物の白鷺が飛ぶ姿を見た亭主に「あのやうに描きたいものぢや」と言われた絵描きは、「いやいやあの羽づかひでは…え飛ぶまい」と自分の絵の誤りを認めていない。

答　問1、ア、ゆえ　イ、いずれ　ウ、かよう　問2、1、ウ　2、ア　問3、ウ　問4、エ　問5、いやい～物ぢや　問6、ある者　問7、エ

◀口語訳▶　今となっては昔のことだが、物ごとを自慢ばかりしたがるのは未

熟であるためである。物の名人の場合は、少しも自慢はしないことである。自分より上手な者たちは、広い天下にどれほどもいるのである。さまざまな芸だけに限らず、武士道においても武芸や話しぶりなど、まったく自慢すべきでないものであるのに、今の世は身分の高い人低い人それぞれに自慢して、大きな声で大げさな言葉を吐き散らし、わがままをする者が多い。そのくせに、自分の欠点を隠そうとして、上手な者を非難し笑うことがある。ある者が座敷を作ってそこに絵を描かせようとする。白鷺だけの絵を希望した。絵描きは、「承知した」といって木の端を焼き焦がした筆で絵を描いた。亭主が言うには、「どれも良さそうではあるけれども、この白鷺の飛び上がっている姿は、羽づかいがこのようでは飛べないだろう」と言った。絵描きが言うには、「いやいやこの飛び方が第一の傑作じゃ」と言っているうちに、本物の白鷺が四、五羽連れだって飛んでいった。亭主はこれを見て、「あれをご覧なさい。あのように描いてほしいものじゃ」と言ったところ、絵描きはこれを見て、「いやいやあの羽づかいであっては、私が描いたようには飛ぶことができないだろう」と言った。

9

問二、子が「この五十貫の銭にて、亀を買ひ取りて」の相手であり、後に「ここに亀売りつる人は…舟うち返して死ぬ」と言われている。

問四、親が宝を買うために渡した銭で亀を買ってしまった子が、親がどのように思うかを想像した言葉。敬語の「給はん」があるので「腹をお立てになる」と訳す。

問五、親が子に問うた言葉を指す。

問六、直前の「その銭にては…亀にかへてゆるしつれば」という事情のこと。

問七、「ば」が続くので「けり」の已然形が入る。

問八、この銭を持っていた人の舟は転覆したので「その銭川に落ち入る」とある。

問九、銭五十貫を渡された子は、舟に乗っている人から亀を買っている。亀を買った子は、親が「いかに腹立ち給はんずらん」と心配した。文章の最後には「はや買ひて放しつる亀の…親のもとに、子の帰らぬさきにやりけるなり」とある。

答　問一、オ　問二、オ　問三、1、イ　2、ア　問四、ア　問五、この銭をば返しおこせたる　問六、ウ　問七、エ　問八、イ　問九、イ・エ・オ

▲口語訳▼　昔、天竺の人で、宝を買うために、銭五十貫を子に持たせてやる。（その子が）大きな川のほとりを行くと、舟に乗っている人がいる。舟の方を見ると、亀が舟から首を差し出している。銭を持った子は立ち止まって、この亀を「何に使うためのものか」と問うと、「殺してある事に使う」と言う。「その亀を買いたい」と言うと、この舟の人が、とても大切なことがあり、用意した亀なので、どんなに高価でも売ることができないと理由を言うので、さらに無理矢理に手を摺り合わせ、その五十貫の銭で、亀を買い取って放した。

　心の中で思うに、親が隣の国へ宝を買うために持たせたお金を、亀に換えてしまったので、親はどれほど腹をお立てになるだろうか。だからといってまた、親のもとに戻らないわけにはいかないので、親のもとへ帰っていくと、途中の道で人が言うには「ここで亀を売った人は、この川下の舟の渡し場で、船が転覆して死んだ」と話すのを聞く。親の家に帰って、お金は亀に換えた事を話そうと思ったときに、親が「どうしてこのお金を返してよこしたのか」と問うので、子が「そのようなことはありません。そのお金はこれこれで亀に換えて放したので、その理由を言おうと思って参ったのです」と言うと、親が言うには「黒い衣を着た、同じような人が五人、それぞれ十貫ずつ持ってきた。これがそれだ」と見せると、そのお金はまだ濡れていた。

　なんと買って放した亀が、そのお金が川に落ちるのを見て、それを拾い、親のもとに、子が帰る前に持っていったのである。